CB068362

Grandes pregadores falam sobre
santidade

Publicações
Pão Diário

Grandes pregadores falam sobre
santidade

JONATHAN EDWARDS
CHARLES HADDON SPURGEON
JOHN WESLEY
GEORGE WHITEFIELD

Grandes pregadores falam sobre santidade
por Jonathan Edwards, Charles Haddon Spurgeon,
John Wesley e George Whitefield
Sermões compilados por Dayse Fontoura
Copyright © 2020 Publicações Pão Diário
Todos os direitos reservados.

Coordenação editorial: Dayse Fontoura
Tradução: Cláudio F. Chagas
Revisão: Dalila de Assis, Dayse Fontoura, Lozane Winter, Rita Rosário, Thaís Soler
Projeto gráfico: Audrey Novac Ribeiro
Capa: Audrey Novac Ribeiro
Diagramação: Denise Duck

Dados Internacionais de Catalogação na Publicação (CIP)

Edwards, J.,1703–58; Spurgeon, C. H., 1834–92;
Wesley, John, 1703–91; Whitefield, G., 1714–70
Grandes pregadores falam sobre santidade
Tradução: Cláudio F. Chagas — Curitiba/PR, Publicações Pão Diário.
1. Teologia   2. Teologia prática   3. Religião prática   4. Vida cristã

Proibida a reprodução total ou parcial, sem prévia autorização, por escrito, da editora.
Todos os direitos reservados e protegidos pela Lei 9.610, de 19/02/1998.
Permissão para reprodução: permissao@paodiario.org

Exceto quando indicado o contrário, os trechos bíblicos mencionados são da edição
Revista e Atualizada de João F. de Almeida © 2009 Sociedade Bíblica do Brasil.

Publicações Pão Diário
Caixa Postal 4190,
82501-970 Curitiba/PR, Brasil
publicacoes@paodiario.org
www.publicacoespaodiario.com.br
Telefone: (41) 3257-4028

Y3904
ISBN: 978-1-64641-020-0

1.ª edição: 2020 • 3.ª impressão: 2022

Impresso no Brasil

Sumário

Introdução 7

PARTE 1 — DOUTRINA
  O poder do Espírito Santo
    Charles H. Spurgeon 11
  O pecado em quem crê
    John Wesley 31
  Tripla santificação
    Charles H. Spurgeon 49
  A transmissão da luz divina à alma
    Jonathan Edwards 71

PARTE 2 — RELIGIÃO INTERIOR
  O conhecimento cristão
    Jonathan Edwards 97
  Pensamentos errantes
    John Wesley 125
  Andar com Deus
    George Whitefield 139
  Deus é glorificado na dependência do homem
    Jonathan Edwards 159

PARTE 3 — SANTIDADE PRÁTICA
   O uso do dinheiro
      John Wesley 181
   O grande dever da religião em família
      George Whitefield 197
   A necessidade e os benefícios da sociedade religiosa
      George Whitefield 213

BIOGRAFIAS
   John Wesley 235
   Jonathan Edwards 241
   George Whitefield 245
   Charles Spurgeon 251

Introdução

Em tempos em que expressões como "santidade", "ser santo" e "pureza" evocam reações que vão desde o ceticismo até a zombaria, faz-se necessário que a Igreja, como a Noiva de Cristo, lembre-se do motivo da morte de Jesus na cruz: "para a apresentar a si mesmo igreja gloriosa, sem mácula, nem ruga, nem coisa semelhante, porém santa e sem defeito" (Ef 5:27).

Neste volume, selecionamos sermões dos grandes pregadores George Whitefield (1714-70), John Wesley (1703-91), Jonathan Edwards (1703-58) e Charles Spurgeon (1834-92) que abordam o tema da santidade de forma muito pertinente. Separamos a temática em três partes: doutrina, religião interior e santidade prática. Assim, o tema fica dividido de maneira didática. Na primeira seção, são apresentadas as bases bíblicas para a obra de santificação efetuada pelo Espírito Santo no coração do convertido, como consequência da justificação pela fé por meio do sangue de Cristo. Na seção seguinte, explanam-se os resultados dessa obra na transformação da mente e disposições. Por último, como produto da renovação interior, há as evidências na prática de vida do filho de Deus que traz glória ao Salvador.

Nosso desejo com livros como este é reacender o debate sobre esse tema imprescindível, demonstrando que, ao longo de mais de dois milênios de história da Igreja, a santidade sempre foi, e permanece sendo, a vocação de todos os salvos e não pode ser negociada por qualquer valor ou doutrina "da moda".

As biografias de cada um dos autores, acrescentadas ao final da leitura, o ajudarão a contextualizar as mensagens e a perceber que, além de grandes comunicadores da Palavra de Deus, esses pregadores foram homens que viveram sua mensagem, muitas vezes pagando alto preço por isso.

Que Deus abençoe sua leitura e faça de você um testemunho vivo da realidade dessa ação espiritual que aflui para todas as áreas de seu ser e, também, um arauto dessa mensagem que no passado transtornou o mundo (At 17:6)!

Dos editores

Parte 1

A DOUTRINA DA SANTIFICAÇÃO

O PODER DO ESPÍRITO SANTO

Por C. H. SPURGEON
Pregado em 17 de junho de 1855.

"...no poder do Espírito Santo".
—Romanos 15:13

O poder é a prerrogativa especial e peculiar de Deus, e somente de Deus. "Duas vezes ouvi isto: Que o poder pertence a Deus" (Salmo 62:11). Deus é Deus — e o poder pertence a Ele. Ainda que Ele delegue uma parte às Suas criaturas, ainda assim é o *Seu* poder. O Sol, embora seja "como noivo que sai dos seus aposentos, se regozija como herói, a percorrer o seu caminho", não tem poder para realizar os seus movimentos, exceto segundo Deus o orientar. As estrelas, embora percorram suas órbitas e ninguém possa detê-las, não têm poder nem força, exceto aqueles que Deus lhes infunde diariamente. O alto arcanjo que está perto do Seu trono e ofusca o brilho de um cometa, embora seja um dos que se destacam em força e que reconhece a voz dos comandos de Deus, não tem poder exceto aquele que o seu Criador lhe concede. Isso se estende também ao Leviatã, que faz o mar ferver como uma panela a ponto de alguém pensar que as profundezas fossem cinzentas, e o Beemote[1], que bebe o Jordão de um gole e se vangloria de conseguir exterminar rios. As majestosas criaturas encontradas na Terra devem sua força Àquele que formou seus ossos de aço e fez seus tendões de bronze. E quando pensamos no *homem* — se ele tem força ou poder —, ele é tão pequeno e insignificante que mal podemos chamá-lo assim. Sim, quando ele está no seu auge — quando empunha o seu cetro, quando comanda exércitos, quando governa as nações —, ainda assim o poder pertence a Deus. E é verdade: "Duas vezes ouvi isto: que o poder pertence a Deus". Essa exclusiva prerrogativa de Deus é encontrada em cada uma das três pessoas da gloriosa Trindade. O Pai tem poder — visto que pela Sua Palavra foram feitos os céus e todo o exército deles. Pela Sua força todas as coisas permanecem e, por meio dele, cumprem o seu destino. O Filho tem poder — porque, como o Seu Pai, Ele é o Criador de todas as coisas — "Sem ele, nada do que foi feito se fez" (João 1:3) e "Nele, tudo subsiste" (Colossenses 1:17). E o Espírito Santo tem poder. É acerca do poder do Espírito Santo que eu falarei esta manhã. Que vocês possam ter uma exemplificação prática desse atributo em seu próprio coração — quando sentirem que a influência do Espírito Santo está sendo derramada sobre mim — de modo que eu esteja falando as palavras do Deus vivo à sua alma! E que ela lhes seja concedida quando vocês estiverem sentindo os seus efeitos em seu próprio espírito.

Nesta manhã, analisaremos o poder do Espírito Santo de três maneiras. Primeiramente, *as Suas manifestações exteriores e visíveis;* em segundo lugar, *as Suas manifestações interiores e espirituais;* e, em

---

[1] N.T.: citado em Jó 40:15-24, e descrito na versão ARA como hipopótamo mas nas outras versões como beemote.

terceiro, *as Suas obras futuras e esperadas*. Assim, confio que o poder do Espírito se tornará claramente presente na alma de vocês.

1. Primeiro, então, devemos ver o poder do Espírito nas SUAS MANIFESTAÇÕES EXTERIORES E VISÍVEIS. O poder do Espírito não está adormecido — ele tem sido exercitado. Muito já tem sido feito pelo Espírito de Deus — mais do que poderia ter sido realizado por qualquer outro ser que não o infinito, eterno e Todo-poderoso Jeová, de quem o Espírito Santo é uma pessoa. Quatro obras são os sinais exteriores e manifestos do poder do Espírito — obras da criação, as obras de ressurreição, as obras de confirmação ou de testemunho e as obras da graça. Falarei muito brevemente de cada uma delas.

A) Primeiramente, o Espírito manifestou a Sua onipotência nas *obras da criação*, porque, embora não muito frequentemente nas Escrituras, mas apenas às vezes, a criação é atribuída ao Espírito Santo, bem como ao Pai e ao Filho. A criação dos céus acima de nós é relatada como obra do Espírito de Deus. Isso você verá imediatamente nas Sagradas Escrituras: Jó 26:13 – "Pelo seu sopro aclara os céus, a sua mão fere o dragão veloz". Todas as estrelas do céu são referidas como havendo sido colocadas no alto pelo Espírito; uma constelação específica, denominada "dragão veloz", é especialmente destacada como obra de Suas mãos. Ele solta as faixas de Órion. Ele liga as doces influências das Plêiades e guia Arcturus com seus filhos. Ele fez todas as estrelas que brilham no céu. Os céus foram adornados por Suas mãos e Ele formou o dragão veloz por Sua força. Assim também ocorre nos contínuos atos de criação que ainda são realizados no mundo. O surgimento do homem e dos animais, seu nascimento e sua geração, são também atribuídos ao Espírito Santo. Veja o que diz o Salmo 104, nos versículos 29 e 30: "Se ocultas o rosto, eles se perturbam; se lhes cortas a respiração, morrem e voltam ao seu pó. Envias o teu Espírito, eles são criados, e, assim, renovas a face da terra". Assim, você vê que a criação de todo homem é obra do Espírito — e a criação de toda vida e toda carne — a *existência* neste mundo deve ser tão atribuída ao poder do Espírito quanto o primeiro adorno dos céus ou a formação do dragão veloz.

E, no primeiro capítulo de Gênesis, você verá, mais particularmente, a peculiar operação de poder sobre o Universo efetuada pelo Espírito Santo. Então, descobrirá qual foi a Sua obra especial. Em Gênesis 1:2 lemos: "A terra, porém, estava sem forma e vazia; havia trevas sobre a face do abismo, e o Espírito de Deus pairava por sobre as águas". Não sabemos quão remoto pode ser o período da criação deste globo — certamente, muitos milhões de anos antes do tempo de Adão. O nosso planeta passou por diversos estágios de existência e diferentes tipos de criaturas viveram em sua superfície, todas criadas por Deus. Porém, antes de chegar a era em que o homem seria seu principal inquilino e monarca, o Criador abandonou o mundo à confusão. Ele permitiu que o fogo interno explodisse e dissolvesse toda a matéria sólida, de modo que todos os tipos de substâncias fossem misturados em uma vasta massa de desordem. O único nome pelo qual o mundo poderia ser chamado naquele tempo era uma massa caótica de matéria. O que ele deveria ser, seria impossível adivinhar ou definir. Ele era totalmente sem forma e vazio, e a escuridão estava sobre a face do abismo. O Espírito veio e, estendendo as Suas amplas asas, ordenou que as trevas se dispersassem e, enquanto se movia sobre elas, todas as diferentes partes de matéria entraram em seus lugares e a Terra já não era mais "sem forma e vazia". Ela se tornou redonda como seus planetas irmãos e se moveu, cantando grandes louvores a Deus — não de maneira discordante, como antes, mas como uma grande nota na vasta escala da criação. Milton descreve lindamente essa obra do Espírito em trazer assim ordem a partir da confusão, quando o Rei da glória, em Sua poderosa palavra e Espírito, veio para criar novos mundos —

Chega às margens do Céu o grão cortejo,
Donde descobre o Abismo imensurável
Que, semelhante ao mar, todo se agita
Escuro, destrutivo, furibundo,
Com repelões dos ventos açoitado,
Erguendo vagas que afiguram serras
Contra o Céu dirigidas, ameaçando
Mesclar-lhe em amplas ruínas eixo e polos.
— "Silêncio, ó torvo mar! Sossega, Abismo!",
O Verbo disse;
...
Logo porém sobre as imóveis águas
O Espírito de Deus, fonte da vida,
Abre as asas e infunde-lhe com elas
Vivificante, tépida virtude." [2]

Esse é, então, o poder do Espírito. Se nós pudéssemos ter visto aquela Terra toda confusa, teríamos dito: "Quem pode criar um mundo a partir disso?", e a resposta teria sido: "O poder do Espírito pode fazer isso. Simplesmente estendendo as Suas asas semelhantes à da pomba, Ele pode fazer todas as coisas se unirem. Sobre isso haverá ordem onde nada há além de confusão". Esse também não é todo o poder do Espírito. Nós vimos algumas de Suas obras na criação, mas houve um caso particular de criação no qual o Espírito Santo estava mais especialmente envolvido, a saber, a formação do corpo do nosso Senhor Jesus Cristo. Embora o nosso Senhor Jesus Cristo tenha nascido de uma mulher e tenha sido feito à semelhança de carne pecaminosa, o poder que o gerou estava inteiramente em Deus Espírito Santo — como as Escrituras expressam, "o poder do

---

[2] N.T: *Paraíso Perdido*, John Milton, 1608–74. Tradução de António José de Lima Leitão, 1787-1856.

Altíssimo te envolverá". Como diz o Credo Apostólico, Ele foi gerado pelo Espírito Santo. "O ente santo que há de nascer será chamado Filho de Deus." A estrutura corporal do Senhor Jesus Cristo foi uma obra-prima do Espírito Santo. Suponho que o Seu corpo se destacava de todos os outros em beleza, para ter sido semelhante ao do primeiro homem, o próprio padrão do que o corpo será no Céu, quando resplandecerá em toda a sua glória! Aquele tecido, em toda a sua beleza e perfeição, foi modelado pelo Espírito. Em Seu livro todos os membros foram escritos quando ainda não havia nenhum deles. Ele o modelou e formou. E aqui, novamente, temos outro exemplo da energia criativa do Espírito.

B) Uma segunda manifestação do poder do Espírito Santo pode ser encontrada na *ressurreição do Senhor Jesus Cristo*. Se você já estudou esse assunto, talvez tenha ficado bastante perplexo ao descobrir que, às vezes, a ressurreição de Cristo é atribuída a Ele mesmo. Por Seu próprio poder e divindade, Ele não podia ser preso pelo vínculo da morte, mas, quando voluntariamente entregou Sua vida, teve o poder de retomá-la. Em outra parte das Escrituras encontramos que Sua ressurreição é atribuída a Deus Pai — "Deus o ressuscitou dentre os mortos", "Deus o exaltou" e muitas outras passagens de semelhante significado, mas, repito, as Escrituras afirmam que Jesus Cristo foi ressuscitado pelo Espírito Santo. Ora, tudo isso era verdadeiro. Ele foi criado pelo Pai visto que o Pai disse: "Solte o Prisioneiro — deixe-o ir. A justiça está satisfeita. A minha Lei não requer mais satisfação — a vingança teve o que é devido — que Ele vá". Aqui, Ele emitiu uma mensagem oficial que libertou Jesus da sepultura. Ele foi elevado por Sua própria majestade e poder porque tinha o direito de sair e sentiu tê-lo — e, portanto, "[rompeu] os grilhões da morte; porquanto não era possível fosse ele retido por ela". Porém, Ele foi ressuscitado pelo Espírito quanto à energia recebida pela Sua estrutura mortal, pela qual ressurgiu da sepultura após haver ficado ali durante três dias e noites. Se vocês precisarem de provas disso, precisarão abrir as suas Bíblias novamente em 1 Pedro 3:18 — "Pois também Cristo morreu, uma única vez, pelos pecados, o justo pelos injustos, para conduzir-vos a Deus; morto, sim, na carne, mas vivificado no espírito". E uma prova adicional você poderá encontrar em Romanos 8:11 — (às vezes, amo ser textual, porque acredito que a grande falha dos cristãos é não examinarem as Escrituras suficientemente, e eu os farei pesquisá-las quando estiverem aqui, para o caso de não o fazerem em outro lugar) — "Se habita em vós o Espírito daquele que ressuscitou a Jesus dentre os mortos, esse mesmo que ressuscitou a Cristo Jesus dentre os mortos vivificará também o vosso corpo mortal, por meio do seu Espírito, que em vós habita".

A ressurreição de Cristo foi, portanto, efetuada pela atuação do Espírito e aqui temos uma nobre ilustração de Sua onipotência. Se você pudesse ter pisado, como os anjos, no sepulcro de Jesus e visto o Seu corpo adormecido, teria o encontrado frio como qualquer outro cadáver. Levante a Sua mão, e ela cairá para o lado. Olhe para o olho — está inanimado. E há um impulso mortal que só pode ter aniquilado a vida. Veja as Suas mãos. Não escorre sangue delas; estão frias e imóveis. Pode esse corpo viver? Pode começar a funcionar? Sim. E ser uma ilustração do poder do Espírito! Porque, quando o poder do Espírito veio sobre Ele, como quando caiu sobre os ossos secos do vale, "Ele ressuscitou na majestade de Sua divindade e, brilhante e resplandecente, deixou os vigias assombrados e eles fugiram. Sim, Ele não se levantou para morrer novamente, e sim para viver para sempre, Rei dos reis e Príncipe dos reis da Terra".

C) A terceira das obras do Espírito Santo, que tão maravilhosamente demonstraram o Seu poder, são *obras de confirmação*. Quero dizer, com isso, obras de testemunho. Quando Jesus Cristo entrou na correnteza do batismo no rio Jordão, o Espírito Santo desceu sobre Ele em forma corpórea de pomba e o proclamou Filho Amado de

Deus. Isso é o que eu considero uma obra de confirmação. E depois, quando Jesus Cristo ressuscitou os mortos, quando curou os leprosos, quando falou às doenças e elas se retiraram, quando milhares de demônios saíram correndo daqueles que estavam por eles possuídos, isso foi feito pelo poder do Espírito. O Espírito habitava em Jesus ilimitadamente e, por esse poder, todos aqueles milagres foram realizados. Essas foram obras de confirmação. E, após Jesus Cristo partir, você se lembrará daquela majestosa confirmação do Espírito Santo ao vir como um poderoso vento impetuoso sobre os apóstolos reunidos e línguas distribuídas pousaram sobre eles. E você se lembrará de como Ele atestou o ministério deles capacitando-os a falar em línguas ao lhes dar a expressão vocal. E como, também, atos milagrosos foram realizados por eles. Como eles ensinaram, como Pedro ressuscitou Dorcas, como [Paulo] deu vida a Êutico, grandes obras foram realizadas pelos apóstolos e por seu Mestre — de modo que "poderosos sinais e maravilhas foram feitos pelo Espírito Santo e, por isso, muitos creram". Quem duvidará do poder do Espírito Santo depois disso? Ah, os socinianos, que negam a existência do Espírito Santo e Sua personalidade absoluta — que farão eles quando os levarmos à criação, ressurreição e confirmação? Eles precisam se apressar para entender as Escrituras. Porém, observem — essa é uma pedra na qual, se alguém tropeçar, ficará ferido. Porém, se cair sobre ele, como ocorrerá se ele resistir, ela o transformará em pó! O Espírito Santo tem poder onipotente, o próprio poder de Deus, porque Ele é Deus!

D) Mais uma vez — se precisarmos de outro sinal exterior e visível do poder do Espírito, poderemos olhar para as *obras da graça*. Contemple uma cidade onde o poder é detido por um mago que insinuava ser um grande homem. Chega um tal de Filipe e prega a Palavra de Deus — imediatamente, o mago Simão perde seu poder e busca que lhe seja dado o poder do Espírito, imaginando que se possa comprá-lo com dinheiro! Veja, nos tempos modernos, um país onde os habitantes vivem em cabanas miseráveis, alimentando-se de répteis e das piores criaturas. Observe-os curvando-se diante de seus ídolos e adorando seus falsos deuses, e tão mergulhados em superstição, tão degradados e depreciados que alguém se pergunta se eles têm alma ou não! Contemple um Moffat[3] com a Palavra de Deus em sua mão. Ouça-o pregar conforme o Espírito lhe dá expressão e acompanha essa Palavra com poder. Eles lançam fora seus ídolos — odeiam e abominam suas antigas concupiscências. Eles constroem casas nas quais moram. Passam a se vestir e recuperam seu perfeito juízo. Quebram o arco e cortam a lança em pedaços. Os incivilizados se tornam civilizados. O selvagem se torna educado. Quem nada sabia começa a ler as Escrituras. Assim, pela boca dos hotentotes[4], Deus atesta o poder do Seu poderoso Espírito! Veja uma casa desta cidade — e nós poderíamos guiá-lo a muitas — na qual o pai é um bêbado. Ele tem sido o mais desesperador dos tipos. Veja-o em sua loucura e você poderá muito bem enfrentar um tigre solto da mesma maneira que encontrar tal homem. Ele parece ser capaz de despedaçar um homem que o ofenda. Observe sua esposa; ela também tem um espírito nela e, quando ele a trata mal, ela pode lhe resistir. Muitos tumultos foram vistos naquela casa e, frequentemente, a vizinhança foi perturbada pelo barulho ali gerado.

Quanto aos pobres filhinhos, veja-os em seus trapos e nudez, pobres crianças não ensinadas. Eu disse não ensinadas? Elas são ensinadas, e bem ensinadas, na escola do diabo e estão crescendo para serem herdeiras da condenação! Porém, alguém a quem Deus abençoou por Seu Espírito é levado até aquela casa; talvez ele seja apenas um humilde missionário urbano, mas fala com tal pessoa. Ele diz: "Ei, venha e ouça a voz de Deus". Quer seja por sua própria atuação ou pela pregação de um ministro, a Palavra, que é rápida e poderosa,

---

[3] N.T.: Robert Moffat, missionário escocês, 1795-1883.
[4] N.E.: Povo pastoril e nômade da África do Sul.

penetra até o coração do pecador; as lágrimas escorrem por suas faces — de maneira nunca antes vista. Ele se abala e estremece. O homem forte se curva — o homem poderoso treme — e aqueles joelhos que nunca haviam tremido começam a bater um no outro! Aquele coração que nunca havia titubeado antes começa agora a estremecer diante do poder do Espírito. Ele se senta em um banco humilde ao lado do penitente. E deixa seus joelhos dobrarem enquanto seus lábios proferem uma oração infantil, porém, embora infantil, é uma oração de um filho de Deus! Seu caráter se transforma. Observe a transformação em sua casa! Aquela esposa se torna a matrona decente. Aquelas crianças são a honra da casa e, no devido tempo, crescem como ramos de oliveira em torno da mesa, adornando seu lar como pedras polidas. Passe pelos cômodos — não há barulho ou gritos, e sim canções de Sião! Vejam-no — nenhuma orgia etílica; ele esvaziou sua última taça. E agora, renegando aquilo, ele vem a Deus e é Seu servo. Agora, você não ouvirá à meia-noite a gritaria dos bacanais. Porém, se houver algum ruído, será o som do solene hino de louvor a Deus.

E agora? Não existe tal coisa como o poder do Espírito? Existe! E aquelas pessoas devem tê-lo testemunhado e visto. Conheço uma aldeia que talvez tenha sido a mais profana da Inglaterra — uma aldeia assolada por embriaguez e devassidão da pior espécie, onde era quase impossível um viajante honesto parar na cervejaria sem ser incomodado por blasfêmia. Um lugar marcado por incendiários e ladrões. Certo homem, o líder de todos, deu ouvido à voz de Deus. O coração dele se quebrantou. A gangue inteira foi ouvir o evangelho ser pregado; eles se sentaram e pareciam reverenciar o pregador como se ele fosse um Deus e não um homem. Aqueles homens foram transformados e restaurados. E todas as pessoas que conhecem o lugar afirmam que tal transformação nunca teria ocorrido senão pelo poder do Espírito Santo! Que o evangelho seja pregado e o Espírito seja derramado, e você verá que Ele tem tal poder para transformar a consciência, para melhorar a conduta, para levantar o caído, para castigar e refrear a maldade da raça, que você tem a obrigação de gloriar-se nele. Eu digo que nada se assemelha ao poder do Espírito; que ele venha e, de fato, tudo poderá ser realizado!

2. Vamos agora ao segundo ponto: O PODER INTERIOR E ESPIRITUAL DO ESPÍRITO SANTO. Aquilo de que já falei pode ser *visto*. O que estou prestes a falar precisa ser *sentido* e ninguém apreenderá verdadeiramente o que digo a não ser que o tenha sentido. O outro, ou seja, o infiel, precisa confessar. O outro — o blasfemo maior — não pode negar, ele fala a verdade. Porém, é disso que um rirá como se fosse entusiasta, e o outro dirá que não passa da invenção de nossas fantasias febris. Entretanto, nós temos uma palavra de testemunho mais segura do que tudo que eles possam dizer. Temos uma testemunha interior. Sabemos tratar-se da verdade e não temos medo de falar do poder espiritual interior do Espírito Santo. Percebamos duas ou três coisas em que o poder interior e espiritual do Espírito Santo deve ser grandemente visto e exaltado.

A) Primeiramente, o Espírito Santo tem *poder sobre os corações dos homens*. Ora, o coração dos homens é muito difícil de tocar. Se você quiser apelar a ele para qualquer objetivo mundano, conseguirá fazê-lo. Um mundo trapaceiro consegue conquistar o coração do homem, um pouco de ouro consegue conquistar o coração do homem, um trunfo de fama e um pequeno clamor de aplausos também. Porém, nenhuma palavra proferida por um ministro consegue ganhar o coração humano! Ele pode ganhar os seus ouvidos e fazê-los ouvir. E conquistar os seus olhos e fazer que estes se fixem nele. Ele pode conquistar a sua atenção, mas o coração é muito escorregadio. Sim, o coração é um peixe que todos os pescadores do evangelho têm dificuldade para segurar! Às vezes, você conseguirá puxá-lo quase todo para fora da água — mas, escorregadio como uma enguia, ele desliza entre os seus dedos e, no fim, você não o captura. Muitos homens imaginaram haver conquistado o coração, mas se desapontaram. Seria necessário um caçador forte para vencer o cervo nas montanhas. Ele é demasiadamente ligeiro para que pés humanos consigam aproximar-se. Somente o Espírito tem poder sobre o coração *de um homem*. Você já testou o seu poder sobre ele? Se algum homem pensa que um ministro consegue converter a alma, eu gostaria que ele tentasse. Que ele seja um professor de Escola Dominical. Ele terá sua classe, terá os melhores livros que puderem ser obtidos, terá as melhores regras, levará seu baluarte em torno de sua Sebastopol[5] espiritual. Ele tomará o melhor garoto de sua classe e, se não estiver cansado em uma semana, estarei muito enganado. Ele poderá passar quatro ou cinco domingos tentando, mas dirá: "O jovem é incorrigível". Que ele tente outro. E terá de tentar outro, outro e outro até conseguir converter um deles. Ele logo descobrirá: "Não por força nem por poder, mas pelo meu Espírito, diz o SENHOR" (Zacarias 4:6). Um ministro consegue converter? Consegue tocar o coração? Davi disse: "Tornou-se-lhes o coração insensível, como se fosse de sebo" (Salmo 119:70). Sim, isso é bem verdade. E nós não conseguimos atravessar tanto sebo. A nossa espada não consegue chegar ao coração — ele está envolto em tanta gordura, que é mais duro do que a pedra inferior de uma mó. Muitas boas espadas de Jerusalém perderam o fio contra o coração emperdenido. O homem, um pedaço do verdadeiro aço que Deus colocou nas mãos de Seus servos, teve seu fio embotado ao ser colocado contra o coração do pecador. Nós não conseguimos alcançar a alma, mas o Espírito Santo consegue. "Ainda que o meu Amado meta a mão pela fresta da porta, o meu coração favorecerá o pecado". Ele consegue dar uma percepção do perdão comprado por sangue que dissolverá um coração de pedra. Ele consegue —

---

[5] N.E.: Cidade da região da Crimeia que teve um longo cerco britânico em meados do século 19.

Falar com aquela voz que aos mortos desperta,
E ordena ao pecador que se levante,
E faz temer a consciência culpada
Aquela morte eterna, incessante.

Ele consegue tornar audíveis os trovões do Sinai. Sim, e Ele consegue fazer os doces sussurros do Calvário entrarem na alma. Ele tem poder sobre o coração do homem! Sim, a gloriosa prova da onipotência do Espírito é que Ele domina o coração!

B) Porém, se há uma coisa mais teimosa do que o coração, essa é *a vontade*. "O Sr. Vontade Seja Feita", conforme Bunyan a chama em seu livro *A Guerra Santa* (Ed. Ágape, 2017), é um sujeito que não será facilmente dobrado. A vontade, especialmente em alguns homens, é muito teimosa; em todos os homens, se a vontade for despertada para a oposição, nada poderá ser feito com eles. Alguém acredita em *livre-arbítrio*. Muitos sonham com *livre-arbítrio*. Livre-arbítrio! Onde isso pode ser encontrado? Certa vez, o livre-arbítrio esteve no Paraíso e fez uma terrível confusão ali, pois estragou todo o Paraíso e expulsou Adão do jardim! Certa vez, o livre-arbítrio esteve no Céu, mas expulsou o glorioso arcanjo e uma terça parte das estrelas do Céu caiu no abismo. Eu nada quero ter a ver com o livre-arbítrio, mas tentarei ver se há livre-arbítrio em meu interior. E descubro que tenho. Vontade muito livre para o mal, mas muito pobre para o que é bom. Suficiente livre-arbítrio quando eu peco, mas, quando quero fazer o bem, o mal está presente comigo e não encontro um meio de fazer o que eu gostaria. Ainda assim, alguns se orgulham do livre-arbítrio. Eu me pergunto se quem acredita nele tem mais poder do que eu sobre as vontades das pessoas. Eu sei que não tenho poder algum. Considero muito verdadeiro o velho provérbio: "Um homem consegue levar um cavalo até a água, mas cem não conseguem fazê-lo beber". Descubro que consigo levar todos vocês até à água — e muitos mais do que cabem nesta capela. Porém, não consigo fazê-los beber. E não acredito que cem ministros o conseguiriam. Li os velhos Rowland Hill, Whitefield e vários outros, para ver o que eles fizeram, mas não consigo descobrir um plano para transformar a vontade de vocês. Não sou capaz de persuadi-los. E vocês não cederão de maneira alguma. Não penso que qualquer homem tenha poder sobre a vontade de seu semelhante, mas o Espírito de Deus tem. "Apresentar-se-á voluntariamente o teu povo, no dia do teu poder". Ele torna o pecador indiferente tão desejoso, que fica impetuoso após o evangelho! Quem era obstinado corre, agora, para a cruz. Quem riu de Jesus depende, agora, da Sua misericórdia. E quem não queria crer é, agora, obrigado pelo Espírito Santo a fazê-lo, não apenas de bom grado, mas com avidez. Ele está feliz, está contente em fazê-lo, alegra-se ao som do nome de Jesus e se deleita em correr pelo caminho dos mandamentos de Deus. O Espírito Santo tem poder sobre a vontade!

C) E ainda há mais uma coisa que eu penso ser bem pior do que a vontade. Você preverá o que eu quero dizer. A vontade é um pouco pior do que o coração para dobrar-se, mas uma coisa excede a vontade em seu mal: a *imaginação*. Eu espero que a minha vontade seja administrada pela graça divina, mas temo que, às vezes, a minha imaginação não o seja. Quem tem muita imaginação sabe como é difícil controlá-la. Não se consegue contê-la. Ela romperá as rédeas. Você nunca será capaz de administrá-la. Às vezes, a imaginação voará até Deus com tanto poder que nem as asas das águias não conseguirão igualá-la. Às vezes, ela tem tal poder que quase é capaz de ver o Rei em Sua beleza e a terra muito longínqua. No tocante a mim, às vezes a minha imaginação me leva aos portões de ferro, através daquele infinito desconhecido, até os portões de pérola e descortina o bendito Glorificado. Porém, se é potente de um jeito, é também de outro, porque a minha imaginação me levou às mais desprezíveis pocilgas e esgotos da Terra. Ela me trouxe pensamentos tão terríveis que, embora eu não os pudesse evitar, ainda assim fiquei totalmente horrorizado com eles! Esses pensamentos virão e, quando eu me sentir mais santo, mais devotado a Deus e mais fervoroso na oração, frequentemente acontecerá de *esse* ser o exato momento em que as pragas mais recrudescem. Porém, alegro-me e penso em uma única coisa — que posso clamar quando essa imaginação vem sobre mim. Sei que é dito no livro de Levítico[6] que, quando um ato de maldade fosse cometido, se a donzela clamasse contra ele, sua vida seria poupada. Assim ocorre com o cristão. Se ele clama, há esperança. Você consegue acorrentar a sua imaginação? Não, mas o poder do Espírito Santo pode. Ah, ele o fará e, finalmente, o faz. Ele faz isso na própria Terra.

3. Porém, a última coisa era OS EFEITOS FUTUROS E DESEJADOS — porque, afinal de contas, embora tenha feito tanto, o Espírito Santo não pode dizer "Está consumado". Jesus Cristo poderia exclamar "Está consumado" referindo-se à Sua própria obra. O Espírito Santo não pode dizer isso. Ele tem mais a fazer — e até a consumação de tudo, quando o próprio Filho se sujeitar ao Pai, o Espírito Santo não dirá "Está consumado". Então, o que o Espírito Santo tem para fazer?

A) Primeiramente, ele tem de *nos aperfeiçoar em santidade*. Um cristão necessita de dois tipos de aperfeiçoamento: um é o aperfeiçoamento da justificação na pessoa de Jesus; o outro é o aperfeiçoamento da santificação realizada nele pelo Espírito Santo. Atualmente, a corrupção ainda existe, até mesmo no seio dos regenerados. Atualmente, o coração é parcialmente impuro. Atualmente, ainda há concupiscências e imaginações malignas. Porém, minha alma se alegra em saber que está chegando o dia em que Deus terminará a obra por Ele iniciada — e apresentará a minha alma, não somente perfeita em Cristo,

---

[6] N.T.: Incorreção do autor. A passagem está em Dt 22:25-27.

mas também perfeita no Espírito, sem mancha, defeito ou qualquer coisa assim. E é verdade que esse pobre coração depravado se tornará tão santo quanto o de Deus? E é verdade que esse pobre espírito, que frequentemente clama "Desventurado homem que eu sou! Quem me livrará do corpo desta morte?" (Romanos 7:24), se livrará do pecado e da morte? Não terei coisas malignas para irritar meus ouvidos, nem pensamentos profanos para perturbar a minha paz? Ó, que hora feliz! Que venha logo! Imediatamente antes de eu morrer, a santificação estará terminada, mas nunca antes desse momento eu reivindicarei a perfeição em mim mesmo. Porém, no momento em que eu partir, meu espírito terá seu último batismo no fogo do Espírito Santo. Ele será colocado no cadinho para sua última prova no forno. Então, livre de toda escória e fino como uma cunha de ouro puro, ele será apresentado aos pés de Deus sem o mínimo grau de escória ou mistura. Ó, hora gloriosa! Ó, momento bendito! Penso que anseio morrer ainda que não houvesse Céu — que eu pudesse apenas ser purificado pela última vez e sair da corrente do Jordão branquíssimo por haver sido lavado. Ó, ser lavado e ficar alvo, limpo, puro, perfeito! Não haveria um anjo mais puro do que eu — sim, nem o próprio Deus, mais santo! E eu poderei dizer, em dois sentidos: "Grande Deus, estou limpo — pelo sangue de Jesus estou limpo e também pela obra do Espírito estou limpo!". Não devemos exaltar o poder do Espírito Santo em nos tornar, assim, aptos a estar diante do nosso Pai celestial?

B) Outra grande obra do Espírito Santo ainda não realizada é *a vinda da glória do último dia*. Dentro de mais alguns anos — não sei quando, não sei como —, o Espírito Santo será derramado de maneira muito diferente da atual. Há diversidades no Seu agir e, durante os últimos anos, as ações diversas consistiram em pouquíssimo derramamento do Espírito. Os ministros adotaram uma rotina monótona, continuamente pregando, pregando, pregando — e pouco de bom tem sido feito. Espero que talvez uma nova era tenha nascido e que haja agora um melhor derramamento do Espírito, porque a hora está chegando, e pode ser agora mesmo, em que o Espírito Santo será derramado novamente de maneira tão maravilhosa que muitos correrão de um lado para o outro e o conhecimento aumentará — o conhecimento do Senhor cobrirá a Terra como as águas cobrem a face do grande abismo — quando o Seu reino vier e a Sua vontade for feita assim Terra como no Céu! Nós não nos arrastaremos para sempre, como Faraó com as rodas da sua carruagem. Meu coração exulta e meus olhos brilham ao pensamento de que, muito provavelmente, eu viverei para ver o derramamento do Espírito quando os "filhos e as filhas de Deus profetizarão, os jovens terão visões e os velhos sonharão". Talvez não haja dons milagrosos, porque não serão necessários. Ainda assim, haverá uma quantidade de santidade tão milagrosa, um fervor de oração tão extraordinário, uma comunhão tão real com Deus, tanta religião vital e tal disseminação das doutrinas da cruz, que todos verão que, verdadeiramente, o Espírito Santo é derramado como água e que as chuvas estão descendo do alto. Oremos por isso — esforcemo-nos continuamente por isso e o busquemos em Deus.

C) Mais uma obra do Espírito que manifestará especialmente o Seu poder é *a ressurreição geral*. Com base nas Escrituras, temos razões para crer que, embora venha a ser efetuada pela voz de Deus e de Sua Palavra (o Filho), a ressurreição dos mortos será também produzida pelo Espírito. Esse mesmo poder que ressuscitou Jesus Cristo dos mortos também deve reviver o corpo mortal de vocês. O poder da ressurreição é, talvez, uma das melhores provas das obras do Espírito. Ah, meus amigos, se esta Terra pudesse apenas ter seu manto arrancado durante algum tempo, se a relva verde pudesse ser cortada e nós pudéssemos olhar menos de dois metros em suas entranhas, que mundo se pareceria! O que nós veríamos? Ossos, carcaças, podridão, vermes, corrupção, e vocês diriam: "Esses ossos secos poderão viver? Eles poderão ganhar vida?". "Sim, em um momento! Em um piscar de olhos, na última trombeta, os mortos ressuscitarão." Ele fala — e eles vivem! Veja-os espalhados — um osso se aproxima do outro! Veja-os nus — carne vem sobre eles! Veja-os ainda sem vida — "Vem dos quatro ventos, ó espírito, e sopra sobre estes mortos, para que vivam!" Quando o vento do Espírito Santo vem, eles vivem e se põem em pé, formando um exército extraordinariamente grandioso.

Tentei, assim, falar do poder do Espírito e confio em tê-lo demonstrado a vocês. Precisamos, agora, de um ou dois momentos para uma inferência prática. O Espírito é muito poderoso, cristão! O que você infere desse fato? Ora, que você jamais precisa desconfiar do poder de Deus de levá-lo ao Céu! Ó, como esse doce verso foi colocado em minha alma ontem! —

> *Seu Todo-poderoso e eficaz braço*
> *Levanta-se em tua defesa.*
> *Onde está o poder que pode alcançar-te*
> *Ou o que pode daí arrancar-te?*

O poder do Espírito Santo é o seu baluarte e toda a Sua onipotência o defende. Os seus inimigos conseguem superar a onipotência? Se sim, eles poderão conquistá-lo. Eles conseguem lutar contra a Deidade e lançá-la ao chão? Se conseguirem isso, eles poderão conquistá-lo, mas o poder do Espírito é o nosso poder — o poder do Espírito é a nossa força.

Mais uma vez, cristãos: se esse é o poder do Espírito, *por que vocês deveriam duvidar de alguma coisa?* Ali está seu filho. Ali está aquela sua esposa por quem você suplicou com tanta frequência — não duvide do poder do Espírito. "Se tardar, espera-o, porque, certamente, virá." Ali está seu marido, ó mulher santa! E você lutou pela alma dele. E, embora ele seja um desgraçado tão endurecido e desesperado, e a trate mal, há poder no Espírito. Ó vocês, que vieram de igrejas estéreis cuja árvore tinha apenas uma folha, não duvidem que o Espírito tem poder para levantá-los! Porque será "folga para os jumentos selvagens e pastos para os rebanhos", aberto, mas deserto, até que o Espírito seja derramado do alto! Então, o solo seco se tornará uma lagoa e a terra sedenta, nascentes de água. Então, nas habitações dos dragões, onde cada um se encontra, haverá grama com caniços e juncos. E vocês, membros da *Park Street!*[7] Vocês, que se lembram do que o seu Deus fez por vocês especialmente — nunca desconfiem do poder do Espírito! Vocês viram o deserto florescer como o Carmelo. Vocês viram o deserto desabrochar como a rosa. Confiem nele para o futuro. Então, saiam e trabalhem com essa convicção — o poder do Espírito Santo é capaz de fazer qualquer coisa! Vão à sua Escola Dominical. Vão à sua distribuição de folhetos. Vão para as suas viagens missionárias! Vão à sua pregação em seus cultos com a convicção de que o poder do Espírito é a nossa grande ajuda!

E agora, finalmente, a vocês, pecadores: o que há para ser dito a vocês acerca desse poder do Espírito? Ora, acredito haver alguma esperança para alguns de vocês. *Eu* não posso salvá-los — *eu* não posso chegar até vocês. Às vezes, faço-os chorar — vocês enxugam os olhos e tudo se acaba. Porém, sei que o meu Mestre pode. Esse é o meu consolo. Principal dos pecadores, há esperança para você! Esse poder pode salvar você e qualquer outra pessoa! Ele é capaz de quebrantar o seu coração, embora este seja de ferro. Ele pode fazer os seus olhos despejarem lágrimas, embora tenham sido semelhantes a rochas. Se Ele quiser, o Seu poder é capaz de, nesta manhã, transformar o seu coração, mudar a torrente de todas as suas ideias, torná-los instantaneamente filhos de Deus, para justificá-los em Cristo! Há poder suficiente no Espírito Santo. Ele é capaz de levar pecadores a Jesus — Ele é capaz de torná-lo preparado no dia do Seu poder. Você está pronto esta manhã? Ele foi longe a ponto de fazer você desejar o Seu nome, fazê-lo desejar Jesus? Então, ó pecador, enquanto

---

[7] N.E.: Igreja onde Spurgeon pastoreava nesta época.

Ele o atrai, diga: "Atrai-me, sou desgraçado sem ti"! Siga-o, siga-o e, enquanto Ele o guia, siga os Seus passos e regozije-se por Ele haver iniciado uma boa obra em você, porque há evidência de que Ele continuará até o fim.

E você, que está desanimado! Coloque a sua confiança no poder do Espírito. Descanse no sangue de Jesus e a sua alma estará segura, não somente agora, mas durante toda a eternidade! Deus os abençoe, meus ouvintes. Amém.

O PECADO EM QUEM CRÊ

Por JOHN WESLEY

...se alguém está em Cristo, é nova criatura.
—2 Coríntios 5:17

1. Existe, então, pecado naquele que está em Cristo? O pecado permanece em alguém que crê no Filho de Deus? Quem é nascido de Deus tem algum pecado ou está totalmente liberto dele? Ninguém imagine isso como uma questão de mera curiosidade ou de pouca importância, quer se conclua ser de uma maneira ou da outra. Pelo contrário, para todo cristão sério, esse é um ponto de extrema importância cuja resolução está fortemente relacionada tanto à sua felicidade presente quanto à eterna.

A) No entanto, não sei se houve essa controvérsia na Igreja Primitiva. De fato, não havia espaço para debate acerca dessa questão, dado que todos os cristãos eram concordantes. E, até onde observei, todo o corpo dos cristãos da antiguidade que nos deixaram algo escrito declara, em uníssono, que até mesmo os que creem em Cristo, até serem "fortalecidos no Senhor e na força do seu poder", têm necessidade de "[lutar] contra o sangue e a carne", contra uma natureza maligna e "contra os principados e potestades".

B) E nisso a nossa própria igreja (como, de fato, na maioria dos aspectos) copia exatamente a Primitiva, declarando em seu Artigo Nono[8]: "O pecado original é a corrupção da natureza de todo homem, pela qual o homem é, em sua própria natureza, inclinado ao mal, de modo que a carne cobiça o oposto do Espírito. E essa infecção da natureza permanece, sim, nos regenerados, por meio da qual a concupiscência da carne, chamada em grego *phronema sarkos*, não está sujeita à lei de Deus. E, embora não haja condenação para o que crê, essa concupiscência tem em si a natureza do pecado".

C) O mesmo testemunho é dado por todas as outras igrejas; não somente pela igreja grega e romana, mas por toda igreja reformada da Europa, de qualquer denominação. De fato, algumas delas parecem levar a coisa longe demais, descrevendo a corrupção do coração de um cristão de maneira tão escassa que permite que ele tenha domínio sobre essa corrupção, quando na realidade ele se mantém escravo dela; e, por esse meio, dificilmente fazem qualquer distinção entre quem crê e quem não crê.

D) Para evitar esse extremo, muitos homens bem-intencionados, particularmente os discípulos do falecido Conde Zinzendorf,[9]

---

[8] N.E.: *Os 39 artigos da religião*. Artigos de fé da Igreja Anglicana.

[9] N.E.: Nikolaus Ludwing von Zinzendorf (1700–60), nobre alemão que abrigou em sua propriedade os cristãos perseguidos da Morávia e se tornou o líder deles em um movimento religioso que se caracterizava pela oração (fundaram a reunião de oração mais longa do mundo, 24 por dia, 7 dias por semana, durante 100 anos) e zelo missionário.

esbarraram em outro, afirmando que "todos os que verdadeiramente creem são salvos, não somente do domínio do pecado, mas do ser do pecado interior e exterior, de modo que não mais permanece neles". E deles, aproximadamente 20 anos atrás, muitos de nossos compatriotas absorveram a mesma opinião, de que nem mesmo a corrupção da natureza existe mais em quem crê em Cristo.

E) É verdade que, quando os alemães foram pressionados quanto a isso, logo admitiram (muitos deles, pelo menos) que "o pecado ainda permanece na carne, mas não no coração de quem crê"; após certo tempo, quando o absurdo disso foi demonstrado, deixaram de sustentar essa ideia, admitindo que o pecado ainda permanecia, embora não reinasse, em quem é nascido de Deus.

F) Os ingleses, porém, que haviam recebido deles aquele conceito (alguns diretamente, outros de segundos ou terceiros), não foram tão facilmente convencidos a se separar de uma opinião favorita e, mesmo quando a maioria deles se convenceu de que ela era totalmente indefensável, não foi possível persuadir alguns a desistir e estes a mantêm até hoje.

2. Para o bem de quem realmente teme a Deus e deseja conhecer "a verdade conforme existe em Jesus", pode não ser errado considerar o assunto com calma e imparcialidade. Ao fazê-lo, eu uso indiferentemente as palavras regenerados, justificados ou crentes, dado que, embora não tenham precisamente o mesmo significado (a primeira implica uma transformação interior real; a segunda, uma transformação relativa; e a terceira, os meios pelos quais as duas são realizadas), mesmo assim chegam a uma única conclusão: de que todos os que creem são justificados e nascidos de Deus.

A) Por pecado eu entendo o pecado interior; qualquer temperamento, paixão ou afeição pecaminoso, como soberba, obstinação, amor ao mundo de qualquer tipo ou grau, como concupiscência, ira, mau humor; qualquer disposição contrária à disposição que havia em Cristo.

B) A questão não se refere ao pecado exterior — se um filho de Deus comete pecado ou não. Todos nós concordamos e sustentamos fervorosamente: "Aquele que pratica o pecado procede do diabo" (1 João 3:8). Nós concordamos: "Todo aquele que é nascido de Deus não vive na prática de pecado" (v.9). Não perguntamos agora se o pecado interior sempre permanecerá nos filhos de Deus, se o pecado permanecerá na alma enquanto perdurar no corpo; sequer perguntamos se uma pessoa justificada pode recair em pecado interior ou exterior, mas simplesmente isto: um homem justificado ou regenerado é liberto de todo pecado no momento em que é justificado? Não há, então, pecado em seu coração, nem nunca mais, a menos que caia da graça?

C) Nós admitimos que o estado de uma pessoa justificada é inexprimivelmente excelente e glorioso. Ela nasce de novo não "do sangue, nem da vontade da carne, nem da vontade do homem, mas de Deus". Ele é filho de Deus, membro de Cristo e herdeiro do reino dos Céus. "A paz de Deus, que excede todo o entendimento, [guarda] o [seu] coração e a [sua] mente em Cristo Jesus". Seu próprio corpo é "santuário do Espírito Santo" e "habitação de Deus no Espírito". Ele é "[criado] em Cristo Jesus". Ele é lavado, é santificado. Seu coração é purificado pela fé; ele é purificado "da corrupção das paixões que há no mundo"; "o amor de Deus é derramado em [seu] coração pelo Espírito Santo, que [lhe é] outorgado". E, enquanto "[anda] em amor" (o que sempre pode fazer), ele adora a Deus em espírito e em verdade. Ele guarda os mandamentos de Deus e faz o que é agradável aos Seus olhos, exercitando-se de modo a "ter sempre consciência pura diante de Deus e dos homens". E tem poder sobre o pecado exterior e o interior, a partir do momento em que é justificado.

3. "Mas, ele não foi então liberto de todo pecado, de modo que não há pecado em seu coração?" Eu não posso dizer isso, não posso acreditar nisso, porque o apóstolo Paulo diz o oposto. Ele está falando aos que creem e descrevendo o estado dos crentes em geral, ao dizer "a carne milita contra o Espírito, e o Espírito, contra a carne, porque são opostos entre si" (Gálatas 5:17). Nada pode ser mais expresso. Aqui, o apóstolo afirma objetivamente que a carne, a natureza má, opõe-se ao Espírito, mesmo em quem crê; que mesmo no regenerado há dois princípios, "opostos entre si".

A) Novamente: Ao escrever aos cristãos de Corinto, aos que foram santificados em Cristo Jesus, (1 Coríntios 1:2), ele diz: "Eu, porém, irmãos, não vos pude falar como a espirituais, e sim como a carnais, como a crianças em Cristo [...] ainda sois carnais. Porquanto, havendo entre vós ciúmes e contendas, não é assim que sois carnais...?" (1 Coríntios 3:1-3). Ora, aqui o apóstolo se dirige aos que inquestionavelmente criam — a quem, simultaneamente, denomina seus irmãos em Cristo — como sendo ainda um tanto carnais. Ele afirma que havia ciúmes (um temperamento maligno) ocasionando contendas entre eles; ainda assim, não dá a mínima indicação de que eles haviam perdido a fé. Não, ele declara abertamente que não haviam; caso contrário, não teriam sido crianças em Cristo. E (o mais notável de tudo) ele fala de serem carnais e crianças em Cristo como uma só coisa, mostrando claramente que todo aquele que crê é (até certo ponto) carnal e, ao mesmo tempo, apenas uma criança em Cristo.

B) De fato, esse ponto importante de que existem dois princípios contrários nos que creem — natureza e graça, a carne e o Espírito — aparece em todas as epístolas de Paulo, sim, ao longo de todas as

Sagradas Escrituras; quase todas as orientações e exortações ali contidas são fundamentadas nessa suposição, apontando para índoles ou práticas erradas naqueles que, não obstante, são reconhecidos como crentes pelos escritores inspirados. E eles são continuamente exortados a lutar contra elas e vencê-las, pelo poder da fé que há neles.

C) E quem é capaz de duvidar que havia fé no anjo da igreja de Éfeso quando o nosso Senhor lhe disse: " Conheço as tuas obras, tanto o teu labor como a tua perseverança [...] e tens perseverança, e suportaste provas por causa do meu nome, e não te deixaste esmorecer" (Apocalipse 2:2,3). Mas, enquanto isso, não havia pecado em seu coração? Havia, senão Cristo não haveria acrescentado "Tenho, porém, contra ti que abandonaste o teu primeiro amor" (v.4). Esse foi um pecado real que Deus viu em seu coração e do qual, portanto, ele é exortado a arrepender-se. Contudo, nós não temos autoridade para dizer que mesmo então ele não tinha fé.

D) Não, o anjo da igreja de Pérgamo também é exortado a arrepender-se, o que implica pecado, embora o nosso Senhor diga expressamente: "não negaste a minha fé" (Apocalipse 2:13). E ao anjo da igreja em Sardes Ele diz: "consolida o resto que estava para morrer" (Apocalipse 3:2). O bem que permanecia estava prestes a morrer, mas não realmente morto. Então, ainda havia nele uma centelha de fé, à qual ele é, consequentemente, comandado a firmar-se (v.3).

E) Mais uma vez: ao exortar os que creem a "[se purificarem] de toda impureza, tanto da carne como do espírito" (2 Coríntios 7:1), o apóstolo ensina claramente que aqueles crentes ainda não haviam sido purificados dela.

Você responderá: "Quem se abstém de toda aparência do mal se purifica, de fato, de toda impureza"? Não, de modo algum. Por exemplo, um homem me insulta; eu sinto ressentimento, que é impureza do espírito; todavia, mantenho-me calado. Aqui, abstenho-me "de toda a aparência do mal", mas isso não me purifica da impureza do espírito, dado que sinto mágoa.

F) E, por essa posição de "em quem crê não há pecado, nem mente carnal, nem inclinação à apostasia" ser, portanto, contrária à Palavra de Deus, é isso o que os Seus filhos vivenciam. Eles sentem continuamente um coração inclinado à apostasia, uma tendência natural para o mal e uma propensão a se afastar de Deus e se apegar às coisas da Terra. Eles são diariamente sensíveis ao pecado que permanece em seu coração — soberba, obstinação, incredulidade — e ao pecado que acompanha tudo que eles falam e fazem, até mesmo seus melhores atos e seus deveres mais sagrados. Contudo, ao mesmo tempo, eles "sabem que são de Deus"; não conseguem duvidar disso um momento sequer. Sentem que o Espírito claramente "testifica com seu espírito que eles são filhos de Deus". E "gloriam-se em Deus por nosso Senhor Jesus Cristo, por intermédio de quem receberam, agora, a reconciliação", de modo que estão igualmente seguros de que o pecado está neles e de que "Cristo é neles a esperança da glória".

G) "Mas, Cristo pode estar no mesmo coração onde o pecado está?" Sem dúvida, pode; caso contrário, nunca poderia ser salvo dele. Onde há doença está o médico,

Continuando no interior seu trabalho,
Esforçando-se até expulsar o pecado.

De fato, Cristo não pode reinar onde o pecado reina, nem habitará onde qualquer pecado for permitido. Porém, Ele está e habita no coração de todo aquele que crê e está lutando contra todo pecado, embora ainda não esteja purificado segundo a purificação do santuário.

H) Observou-se anteriormente que a doutrina oposta — de que não há pecado em quem crê — é bastante nova na Igreja de Cristo; que nunca se ouviu falar dela durante 1.700 anos; nunca até ser descoberta pelo Conde Zinzendorf. Não me lembro de haver visto a menor insinuação dela em qualquer escritor antigo ou moderno, exceto, talvez, em alguns dos antinomianos selvagens e enraivecidos. E estes, igualmente, dizem e desdizem, reconhecendo haver pecado em sua carne, embora nenhum pecado em seu coração. Porém, qualquer doutrina nova deve, obrigatoriamente, estar errada, porque a antiga religião é a única verdadeira e nenhuma doutrina pode estar certa se não for exatamente a mesma "que era desde o princípio".

I) Um argumento mais contrário a essa doutrina nova e antibíblica pode ser extraído das terríveis consequências dela. Uma pessoa diz: "Senti raiva hoje". Devo responder: "Então, você não tem fé"? Outra diz: "Sei que o que você aconselha é bom, mas a minha vontade é bastante avessa a isso". Devo dizer-lhe: "Então, você é um incrédulo, sob a ira e a maldição de Deus"? Qual será a consequência natural disso? Ora, se ela acreditar no que eu digo, sua alma não somente ficará triste e ferida, mas talvez totalmente destruída, na medida em que ela "rejeitará" aquela "confiança que tem grande galardão". E, tendo lançado fora o seu escudo, como "[apagará] todos os dardos inflamados do Maligno"? Como vencerá o mundo? Vendo que "esta é a vitória que vence o mundo: a nossa fé". Ele fica desarmado em meio aos seus inimigos, aberto a todos os seus ataques. Que maravilha, então, se for totalmente derrotado; se o levarem cativo à vontade deles; sim, se ele cair de uma iniquidade para outra e nunca mais vir o bem? De maneira nenhuma eu sou, portanto, capaz de receber essa afirmação de que não há pecado em um crente a partir do momento em que ele é justificado. Primeiro, porque isso é contrário a todo o teor das Escrituras. Segundo, porque é contrário à experiência dos filhos de Deus. Terceiro, porque é absolutamente novo, inédito no mundo até ontem. E, finalmente, porque é naturalmente seguido das consequências mais fatais, não somente afligindo a quem Deus não entristeceu, mas talvez os arrastando para a perdição eterna.

4. Entretanto, escutemos com justiça os principais argumentos daqueles que se esforçam para apoiá-lo. E é, primeiramente, a partir das Escrituras que eles tentam provar que não há pecado em quem crê. Eles argumentam assim: "As Escrituras dizem que todo aquele que crê é nascido de Deus, é limpo, é santo, é santificado, é puro de coração, tem um novo coração, é templo do Espírito Santo. Ora, assim como 'o que é nascido da carne é carne' é totalmente mau, também 'o que é nascido do Espírito é espírito' é totalmente bom". Repito: Um homem não pode ser limpo, santificado, santo e, ao mesmo tempo, impuro, não santificado, ímpio. Ele não pode ser puro e impuro, ou ter um novo e um velho coração juntos, nem sua alma pode ser ímpia enquanto é templo do Espírito Santo.

Eu fiz essa objeção a mais enfática possível para que todo o seu peso possa aparecer. Passemos a examiná-la parte por parte. Então, a) "O que é nascido do Espírito é espírito, é totalmente bom". Admito esse texto, mas não o comentário, porque o texto afirma isso e nada mais — que todo homem "nascido do Espírito" é um homem espiritual. Ele é assim, mas pode ser assim e, não obstante, não ser totalmente espiritual. Os cristãos de Corinto eram homens espirituais; caso contrário, não teriam sido cristãos de modo algum; contudo, não eram totalmente espirituais: ainda eram parcialmente carnais. — "Mas eles caíram da graça." O apóstolo Paulo diz que não, eles ainda eram crianças em Cristo. b) "Mas um homem não pode ser limpo, santificado, santo e, ao mesmo tempo, impuro, não santificado, ímpio". Pode, sim. Assim eram os coríntios. "Vós vos lavastes", diz o apóstolo, "fostes santificados"; isso significa purificados de "fornicação, idolatria, embriaguez" e todos os outros pecados exteriores (1 Coríntios 6:9-11). Contudo, ao mesmo tempo, em outro sentido da palavra, eles não eram santificados; não eram lavados, nem interiormente purificados de inveja, desconfiança maligna, parcialidade. — "Mas é claro, eles não tinham um coração novo e um coração velho juntos". Com toda certeza eles tinham, porque, naquele mesmo momento, seu coração era verdadeiramente, embora não inteiramente, renovado. Sua mente carnal fora pregada na cruz; contudo, não fora totalmente destruída. — "Mas eles poderiam ser profanos enquanto eram 'templos do Espírito Santo?'" Sim; eles serem templos do Espírito Santo é certo (1 Coríntios 6:19); e é igualmente certo que eles eram, em algum grau, carnais, isto é, ímpios.

A) "Entretanto, há mais um trecho que colocará o tema fora de questão: 'se alguém está em Cristo, é nova criatura; as coisas antigas já passaram; eis que se fizeram novas' (2 Coríntios 5:17). Ora, certamente, um homem não pode ser uma nova e velha criatura de uma só vez." Sim, ele pode: Ele pode estar parcialmente renovado, exatamente o mesmo caso dos coríntios. Eles foram, sem dúvida, "renovados no espírito do seu entendimento"; caso contrário, não poderiam ter sido "crianças em Cristo". Contudo, sua mente não estava inteiramente em Cristo, porque invejavam uns aos outros. "Mas é dito expressamente que 'as coisas antigas já passaram; eis que se fizeram novas'". Porém, não devemos interpretar as palavras do apóstolo de modo a fazê-lo contradizer-se. E, para torná-lo coerente consigo mesmo, o significado claro das palavras é: seu antigo julgamento acerca de justificação, santidade, felicidade, de fato concernente às coisas de Deus em geral, agora se foi, como também seus antigos desejos, projetos, afeições, temperamentos e conversas. Todos esses se tornaram inegavelmente novos, grandemente transformados a partir do que eram; contudo, embora sejam novos, não são totalmente novos. Ele ainda sente, para sua tristeza e vergonha, resquícios do velho homem, manchas demasiadamente manifestas de seus antigos temperamentos e afeições, embora eles não possam obter qualquer vantagem sobre ele, desde que ele observe a oração.

B) Todo esse argumento "Se ele está limpo, está limpo", "Se ele é santo, é santo" (e 20 outras expressões do mesmo tipo podem facilmente ser reunidas) não passa realmente de um jogo de palavras: é a falácia de argumentar do particular para o geral, de inferir uma conclusão geral a partir de premissas específicas. Proponha a sentença inteira e ela ficará assim: "Caso ele seja santo, é totalmente santo". Uma coisa não tem a ver com a outra: todo bebê em Cristo é santo, mas não totalmente. Ele é salvo do pecado; contudo, não totalmente; pois ele permanece, embora não reine. Se você pensa que não permanece (em bebês, pelo menos, qualquer que seja o caso de jovens ou pais), certamente você não considerou a altura, a profundidade, o comprimento e a largura da lei de Deus (nem mesmo a lei do amor, estabelecida pelo apóstolo Paulo no capítulo 13 de 1 Coríntios); e que toda "anomia", não-conformidade ou desvio dessa lei, é pecado. Ora, não há falta de conformidade nisso no coração ou na vida de alguém que crê? O que pode vir a ocorrer com um cristão adulto é outra questão; porém, como isso deve ser estranho à natureza humana, que pode imaginar que isso possa acontecer com toda criança em Cristo!

C) "Mas, os crentes seguem o Espírito (Romanos 8:1) [O texto das próximas páginas é uma resposta a um artigo publicado na *Christian Magazine*, pp. 577-582. Estou surpreso de o Sr. Dodd ter dado, em sua revista, lugar a tal artigo diretamente contrário ao nosso Artigo Nono. — Nota do Editor[10]], e o Espírito de Deus habita neles; consequentemente, eles são libertos da culpa, do poder ou, em uma palavra, do ser do pecado".

Eles estão acoplados, como se fossem a mesma coisa, mas não o são. A culpa é uma coisa; o poder, outra; e o ser, ainda outra. Que os crentes são libertos da culpa e do poder do pecado, nós admitimos;

---

[10] N.E.: Esta nota pertence aos primeiros editores do livro com sermões de John Wesley no século 18.

que eles são libertos da sua essência, negamos. Isso nem se depreende, de maneira alguma, desses textos. O homem pode ter o Espírito de Deus habitando nele e pode "andar segundo o Espírito", embora ainda sinta "a carne em concupiscência contrária ao Espírito".

D) "Mas 'a igreja é o corpo de Cristo' (Colossenses 1:24); isso implica que seus membros são lavados de toda imundície; caso contrário, decorrerá que Cristo e Belial estão incorporados um ao outro."
Não, não decorre que "Quem constitui o corpo místico de Cristo ainda sente a carne em concupiscência contrária ao Espírito", que Cristo tem alguma comunhão com o diabo ou com o pecado que Ele lhes capacita a resistir e vencer.

E) "Mas, os cristãos não 'vão para a Jerusalém celestial', onde 'nada impuro pode entrar'?" (Hebreus 12:22). Sim; "e para uma inumerável companhia de anjos e para os espíritos de homens justos tornados perfeitos". Isto é,

Terra e céu concordam;
Tudo é uma grande família.

E eles são, de semelhante maneira, santos e imaculados enquanto "andam segundo o Espírito"; embora sensatos, há neles outro princípio e "esses são opostos um ao outro".

F) "Porém, os cristãos são reconciliados com Deus. Ora, isso não poderia acontecer se qualquer parte da mente carnal permanecesse, porque isso é inimizade contra Deus. Consequentemente, nenhuma reconciliação pode ser efetuada senão pela total destruição da mente carnal".
Nós somos "reconciliados com Deus por meio do sangue da cruz". E, naquele momento, o *phronema sarkos*, a corrupção da natureza, que é inimizade contra Deus, é colocada sob os nossos pés; a carne

não tem mais domínio sobre nós. Porém, ela ainda "existe" e ainda é, em sua natureza, inimizade contra Deus, com concupiscências contrárias ao Seu Espírito.

G) "Mas, 'os que são de Cristo Jesus crucificaram a carne, com as suas paixões e concupiscências'" (Gálatas 5:24). Eles o fizeram; contudo, ela ainda permanece neles e, frequentemente, luta para fugir da cruz. "Não, mas eles 'se despiram do velho homem com os seus feitos'" (Colossenses 3:9). Eles o fizeram; e, no sentido acima descrito, "as coisas antigas já passaram; eis que se fizeram novas". Cem textos podem ser citados para a mesma finalidade e todos admitirão a mesma resposta. — "Porém, resumindo em uma palavra, 'Cristo amou a igreja e a si mesmo se entregou por ela [...] para a apresentar [...] santa e sem defeito'" (Efésios 5:25,27). E assim será no fim, mas nunca foi, desde o princípio até hoje.

H) "Mas, que a experiência fale: Todos os que são justificados encontram, naquele momento, liberdade absoluta de todo pecado". Disso eu duvido; mas, se encontrarem, a encontrarão para sempre? Caso contrário, nada ganhamos. — "Se não encontram, é culpa deles." Isso ainda terá de ser provado.

I) "Mas, na exata natureza das coisas, pode um homem ter orgulho de si mesmo e não se orgulhar; irar-se e, contudo, não ficar irado?"

Um homem pode ter orgulho de si mesmo; pode, em alguns aspectos, pensar de si mesmo além do que deveria (e, assim, ter orgulho daquele aspecto) e, contudo, não ser um homem soberbo em seu caráter geral. Ele pode ter ira em si, sim, e uma forte propensão à ira furiosa, sem dar lugar a ela. — "Porém, ira e soberba podem ter lugar em um coração no qual somente mansidão e humildade são sentidas?" Não, mas pode haver alguma soberba e raiva no coração em que há muita humildade e mansidão.

"Não é proveitoso dizer: Esses temperamentos existem, mas não reinarão, porque o pecado não pode existir, em qualquer tipo ou grau, onde não reina, porque culpa e poder são propriedades essenciais do pecado. Portanto, onde um deles está, todos precisam estar."

Realmente estranho! "O pecado não pode existir, em qualquer tipo ou grau, onde não reina?" Isso é absolutamente contrário a toda experiência, a toda as Escrituras, a todo bom senso. O ressentimento de uma afronta é pecado; é "anomia", desconformidade com a lei do amor. Isso já existiu em mim, mil vezes. Contudo, não reinou e não reina. — "Porém, culpa e poder são propriedades essenciais do pecado; portanto, onde um deles está, todos precisam estar." Não. No caso que está diante de nós, se eu não ceder ao ressentimento que sinto, nem por um momento, não há culpa alguma, nenhuma condenação de Deus por isso. E, nesse caso, ele não tem poder: embora "milite contra o Espírito", não consegue prevalecer. Aqui, portanto, como em dez mil exemplos, há pecado sem culpa ou poder.

L) "Mas o suposto pecado em um crente é repleto de tudo que é amedrontador e desencorajador. Implica contender com um poder que detém a posse de nossa força, mantém sua usurpação de nosso coração e ali leva a cabo a guerra em desafio ao nosso Redentor". Não é assim: o suposto pecado em nós não implica que ele possua a nossa força, assim como um homem crucificado não detém a posse daqueles que o crucificam. Igualmente pouco implica que "o pecado mantém sua usurpação de nosso coração". O usurpador é destronado. Ele permanece, de fato, onde antes reinou. Porém, permanece em cadeias, de modo que, em certo sentido, "leva a cabo a guerra", mas fica cada vez mais fraco, enquanto a pessoa que crê segue adiante de força em força, conquistando e para conquistar.

M) "Eu ainda não estou satisfeito: Aquele que tem pecado é escravo do pecado". Portanto, supõe-se que um homem deva ser justificado enquanto é escravo do pecado. Ora, se você permitir que os homens possam ser justificados enquanto há neles soberba, ira ou incredulidade, ou melhor, se você afirmar que elas estão (pelo menos durante algum tempo) em todos os que são justificados, que maravilha é termos tantos crentes soberbos, irados e incrédulos!

Eu não suponho que qualquer homem justificado seja escravo do pecado. Contudo, suponho que o pecado permanece (pelo menos durante algum tempo) em todos os que são justificados.

"Mas, se o pecado permanece em um crente, ele é um homem pecador: se, por exemplo, soberba, ele é soberbo; se obstinação, ele é obstinado; se incredulidade, ele é incrédulo; consequentemente, não é crente. De que maneira, então, ele difere dos incrédulos, de homens não regenerados?" Isso ainda é um mero jogo de palavras. Significa não mais do que isto: se há nele pecado, soberba, obstinação, há pecado, soberba, obstinação. E isso ninguém pode negar. Nesse sentido, então, ele é soberbo ou obstinado. Porém, não é soberbo ou obstinado no mesmo sentido em que os incrédulos são, isto é, governados pela soberba ou pela obstinação. Nisso ele difere dos homens não regenerados. Eles obedecem ao pecado; ele, não. A carne está nos dois, mas eles "andam segundo a carne" e ele "anda segundo o Espírito".

"Mas como haver incredulidade em um crente?" Essa palavra tem dois significados. Ela significa nenhuma fé ou pequena fé; ausência de fé ou fé fraca. No primeiro sentido, não existe incredulidade em um crente; no segundo, ela está em todos os filhos. Sua fé é, comumente, misturada com dúvida ou medo; isto é, no último sentido, com incredulidade. O nosso Senhor diz: "Por que sois tímidos, homens de pequena fé?" (Mateus 8:26), e novamente: "Homem de pequena fé, por que duvidaste?" (Mateus 14:31). Você vê que ali havia incredulidade em crentes; pequena fé e muita incredulidade.

N) "Mas essa doutrina de que o pecado permanece em quem crê, de que um homem pode receber favor de Deus enquanto tem pecado em seu coração, certamente tende a incentivar os homens que estão em pecado." Entenda a proposição corretamente e a consequência não será essa. Um homem pode receber favor de Deus embora sinta pecado, mas não se render ao pecado. Ter pecado não impede o favor de Deus; dar lugar ao pecado sim. Embora a sua carne "milite contra o Espírito", você ainda pode ser um filho de Deus; porém, se você "andar segundo a carne", é um filho do diabo. Ora, essa doutrina não incentiva a obedecer ao pecado, e sim a resistir a ele com todas as nossas forças.

5. A totalidade de tudo é que em cada pessoa, mesmo após ela ser justificada, há dois princípios opostos, natureza e graça, denominados pelo apóstolo Paulo carne e Espírito. Por isso, até que as crianças em Cristo sejam santificadas, isso ocorre apenas em parte. Em certo grau, conforme a medida de sua fé, elas são espirituais; ainda assim, em certo grau são carnais. Consequentemente, quem crê é continuamente exortado a vigiar a carne, bem como o mundo e o diabo. E com isso concorda a constante experiência dos filhos de Deus. Embora eles sintam esse testemunho em si mesmos, têm uma vontade não totalmente resignada à vontade de Deus. Eles sabem que estão em Cristo; contudo, encontram um coração pronto para se afastar dele, uma propensão ao mal em muitos casos e uma hesitação quanto ao que é bom. A doutrina contrária é totalmente nova; inédita na Igreja de Cristo, desde que Ele veio ao mundo até a época do Conde Zinzendorf; e atentam para ela com as consequências mais fatais. Ela elimina toda a vigilância contra a nossa natureza maligna, contra a Dalila que nos dizem que se foi, embora ela ainda esteja deitada em nosso peito. Ela rasga o escudo dos crentes fracos, priva-os da fé e os deixa expostos a todos os ataques do mundo, da carne e do diabo.

Portanto, apeguemo-nos à sã doutrina "que uma vez por todas foi entregue aos santos" e transmitida por eles, por palavra escrita, a todas as gerações seguintes: que, embora sejamos renovados, limpos, purificados e santificados no momento em que verdadeiramente cremos em Cristo, ainda assim não somos totalmente renovados, limpos e purificados; porém, a carne, a natureza má, ainda permanece (embora subjugada) e milita contra o Espírito. Tanto mais usemos de toda diligência em "combater o bom combate da fé". Tanto mais ansiosamente "vigiemos e oremos" contra o inimigo interior. Tanto mais fervorosamente tomemos e "nos revistamos de toda a armadura de Deus", para que, embora não "lutemos" igualmente "contra o sangue e a carne, e sim contra os principados e potestades, […] contra as forças espirituais do mal, nas regiões celestes", possamos "resistir no dia mau e, depois de [termos] vencido tudo, [permanecermos] inabaláveis".

TRIPLA SANTIFICAÇÃO

Por C. H. SPURGEON
Pregado em 9 de fevereiro de 1862.

"...*amados em Deus Pai*". —Judas 1:1
"...*santificados em Cristo Jesus*". —1 Coríntios 1:2
"...*em santificação do Espírito*". —1 Pedro 1:2

Observem, amados, a união das três pessoas da divindade em todos os Seus atos de graça! Nós cremos que existe um único Deus e, embora nos regozijemos em reconhecer a Trindade, ela é sempre mais distintamente uma Trindade *em Unidade*. A nossa palavra de ordem ainda é "Ouve, Israel, o SENHOR, nosso Deus, é o único SENHOR". Quão imprudentemente falam os jovens cristãos que têm preferências entre as pessoas da Trindade — que pensam em Cristo como se Ele fosse a personificação de tudo que é amável e gracioso, enquanto consideram o Pai severamente justo, mas destituído de bondade; e quão insensatos são os que exaltam o decreto do Pai ou a expiação do Filho, depreciando a obra do Espírito. Nos feitos da graça divina, nenhuma das pessoas da Trindade age à parte das demais. Elas são tão unidas em Seus atos quanto em Sua essência! Em Seu amor pelos escolhidos, elas são uma e, nos atos que fluem daquela grande fonte central, ainda são indivisas. Eu gostaria especialmente que vocês percebessem isso no caso da santificação. Embora nós possamos, sem sombra de erro, falar da santificação como obra do Espírito, precisamos ter o cuidado de não a vermos como se o Pai e o Filho não participassem dela! É correto falar da santificação como a obra do Pai, do Espírito e do Filho. O próprio Jeová disse: "*Façamos* o homem à nossa imagem, conforme a nossa semelhança"; assim, somos "feitura *dele*, criados em Cristo Jesus para boas obras, as quais Deus de antemão preparou para que andássemos nelas".

Meus irmãos e irmãs, peço-lhes que percebam e considerem cuidadosamente o valor que Deus atribui à verdadeira santidade, uma vez que as três pessoas são representadas como cooperantes para produzir uma Igreja "sem mácula, nem ruga, nem coisa semelhante". Quem despreza a santidade do coração está em conflito direto com Deus. A santidade é o plano arquitetônico sobre o qual Deus constrói o Seu templo vivo. Nós lemos nas Escrituras acerca da "beleza da santidade". Só é belo diante de Deus o que é santo. Toda a glória de Lúcifer, o filho da alva, não pôde protegê-lo da repugnância divina quando ele se corrompeu pelo pecado. "Santo, santo, santo" — o clamor contínuo dos querubins — é a canção mais elevada que uma criatura pode oferecer e a mais nobre que o divino Ser pode aceitar! Veja, então, que Ele considera a santidade o Seu tesouro predileto. Ela é como o selo sobre o Seu coração e como o anel de sinete em Sua mão direita. Deus preferiria deixar de existir, deixar de ser santo e renunciar à soberania do mundo a tolerar, em Sua presença, qualquer coisa contrária à pureza, justiça e santidade. Eu imploro a vocês, que professam ser seguidores de Cristo: valorizem a vida pura e a fala piedosa. Valorizem o sangue de Cristo como o fundamento de sua esperança, mas nunca falem depreciativamente da obra do Espírito, que é a sua adequação para a herança dos santos na luz; sim, em vez disso, valorizem-na; valorizem-na de todo o coração, a ponto de temerem a própria aparência do mal! Valorizem-na tanto, para que, em seus atos mais comuns, vocês possam ser "sacerdócio real, nação santa, povo de propriedade exclusiva de Deus, a fim de proclamardes as virtudes daquele que vos chamou das trevas para a sua maravilhosa luz".

Minha intenção era haver entrado amplamente na doutrina da santificação esta manhã. Eu pretendia usar a palavra "santificação" da maneira como ela é entendida entre os teólogos, porque você deve saber que o termo "santificação" tem um significado muito mais restrito em corpos da divindade do que tem nas Escrituras. Porém, ao estudar o assunto, vi-me perdido em sua extensão cada vez mais ampla, de modo que concluí que deveria me aventurar menos, na esperança de, com maior eficiência, fazer mais. Em alguma ocasião futura, trataremos com maior profundidade sobre a obra do Espírito, mas, agora, posso chamar a atenção somente para o fato de que, nas Escrituras, a santificação é tratada de diversas maneiras. Penso que podemos prestar algum serviço para iluminar a compreensão dos que creem se, nesta manhã, atrairmos a atenção deles, não para os usos teológicos, e sim para os usos bíblicos do termo "santificação" — e mostrar que, na santa Palavra de Deus, ele tem um significado muito mais amplo do que o consentido pelos teólogos sistemáticos. Já foi bastante dito que, assim como as obras de Deus, o Livro de Deus não é organizado de maneira sistemática. Quanta diferença há entre a liberdade da natureza e a ordenada precisão do museu científico! Se você visitar o *Museu Britânico*, verá todos os animais colocados em vitrines em conformidade com suas respectivas ordens[11]. Você entra no mundo de Deus e encontra cão e ovelha, cavalo e vaca, leão e abutre, elefante e avestruz vagando à solta como se nenhum zoólogo jamais houvesse se aventurado a organizá-los em classes. As diversas rochas não são colocadas em ordem, como o geólogo as desenha em

---

[11] N.E.: O reino animal é classificado em: reino, filo, classe, ordem, família, gênero e espécie.

seus livros, nem as estrelas são identificadas segundo as suas magnitudes. A ordem da natureza é a variedade. A ciência só organiza e classifica para auxiliar a memória. Então, ao lidar com a Palavra de Deus, os teólogos sistemáticos descobrem as verdades bíblicas dispostas não para a sala de aula, mas para a vida comum. O teólogo sistemático é tão útil quanto o químico analítico ou o anatomista, mas, ainda assim, a Bíblia não está organizada como um corpo de divindade. Ela é um manual para a entrada no Céu; é um guia para a eternidade, destinado tanto ao homem que opera o arado quanto ao estudioso em sua escrivaninha. Ela é uma cartilha para crianças, bem como um clássico para os instruídos. Ela é o livro do homem humilde e ignorante; embora haja nela profundezas nas quais o elefante pode nadar, há também baixios onde o cordeiro pode passar. Nós bendizemos a Deus por não nos haver dado um compêndio teológico no qual poderíamos nos perder, e sim por nos ter dado a Sua própria Palavra, disposta na melhor forma prática para nosso uso diário e edificação!

Uma verdade reconhecida de Deus entre nós é que, muito frequentemente, o Antigo Testamento nos ajuda a entender o Novo, enquanto o Novo também explica o Antigo. No tocante à Palavra de Deus, sua melhor interpretação é feita por ela mesma. "Diamante corta diamante" é uma regra dos ourives; assim precisa ocorrer com um estudante das Escrituras. Quem quer conhecer melhor a Palavra de Deus precisa estudá-la à sua própria luz.

1. Ora, no Antigo Testamento encontramos com muita frequência a palavra "santificar", ali usada com três sentidos. Deixe-me chamar a sua atenção para o *primeiro*. No Antigo Testamento, a palavra "santificar" tem, frequentemente, o significado de *separar*, o que significa tomar algo anteriormente comum, que poderia ter sido legitimamente destinado a usos comuns, e colocá-lo à parte para servir somente a Deus. Isso era, então, chamado santificado ou santo. Tomemos como exemplo em Êxodo 13:2 — "Consagra-me

todo primogênito". Devido à destruição dos primogênitos do Egito, Deus reivindicou para si os primogênitos dos homens e os primogênitos do gado. A tribo de Levi foi designada para que seus membros fossem os representantes dos primogênitos, apresentando-se diante do Senhor para ministrar dia e noite em Seu tabernáculo e em Seu templo; por isso, os separados para serem sacerdotes e levitas eram ditos *santificados*. Há um uso anterior do termo em Gênesis 2:3 — "E abençoou Deus o dia sétimo e o santificou; porque nele descansou de toda a obra que, como Criador, fizera". Anteriormente, aquele tempo fora comum, mas Ele o separou para o Seu próprio serviço que, no sétimo dia, o homem não trabalhasse para si mesmo, mas descansasse e servisse ao seu Criador. Assim, em Levítico 27:14 você lê: "Quando alguém dedicar a sua casa para ser santa ao SENHOR...", uma instrução aos judeus devotos para que separassem uma casa ou um campo para ser de Deus, com a intenção de que ou o produto do campo ou a ocupação da casa devia ser totalmente entregue aos sacerdotes de Deus ou aos levitas; ou, de algum outro modo, separado para usos santos. Ora, nada era feito à casa; não havia cerimônias; nós não lemos que ela era purificada, lavada ou aspergida com sangue; porém, o mero fato de haver sido separada para Deus era considerado santificação. Assim, no mais notável dos exemplos, lemos em Êxodo o que Deus disse: "consagrarei a tenda da congregação e o altar" (29:44), cujo claro significado era de que Ele os separaria para ser a Sua casa, o lugar especial de Sua morada, onde, entre as asas dos querubins, pudesse brilhar a luz resplandecente da *Shekinah*, a gloriosa evidência de que o Senhor Deus habitava entre o Seu povo. O mesmo efeito tem as seguintes passagens: a santificação do altar, dos utensílios e dos vasos, em Números 7:1; a separação de Eleazar, filho de Abinadabe, para guardar a arca do Senhor enquanto ela esteve em Quiriate-Jearim, 1 Samuel 7:1; e o estabelecimento de cidades de refúgio em Josué 20:7. Nelas, descobrimos que a palavra do original traduzida como "consagrar" ou "designar" é a mesma que, em outros lugares, é traduzida como "santificar". O Antigo Testamento mostra claramente que a palavra "santificar" tem, às vezes, simples e unicamente o significado de separar para usos sagrados. Isso explica o texto de João 10:36 — "então, daquele a quem o Pai santificou e enviou ao mundo, dizeis: Tu blasfemas; porque declarei: sou Filho de Deus?". Ali, Jesus Cristo fala de si mesmo como "santificado" por Seu Pai.

Ora, Ele não foi limpo de pecados, porque não os tinha. Imaculadamente concebido, gloriosamente preservado contra todo toque ou mancha de mal, Ele não precisava de uma obra santificadora do Espírito que habitava nele para purificá-lo de impurezas ou corrupção! Todo o significado desse texto é que Ele foi *separado*. Portanto, naquela notável e bem conhecida passagem de João 17:19 — "E a favor deles eu me santifico a mim mesmo, para que eles também sejam santificados na verdade", com que, novamente, Ele somente quis dizer que se entregou especialmente ao serviço de Deus, para ocupar-se somente dos assuntos de Seu Pai. Ele podia dizer: "A minha comida consiste em fazer a vontade daquele que me enviou e realizar a sua obra". Irmãos e irmãs, vocês agora entendem o texto de Judas: "amados em Deus Pai". Certamente, isso significa que Deus Pai separou especialmente o Seu povo — os *santificou*. Não significa que Deus Pai age no coração daquele que crê, embora Paulo nos diga que Deus é quem efetua em nós tanto o querer quanto o realizar — que pertence direta e efetivamente ao Espírito Santo —, e sim que, no decreto de eleição, Ele separou para si mesmo um povo que deveria ser santificado para Ele por toda a eternidade. Pela dádiva de Seu Filho a eles, Ele os redimiu dentre os homens para que fossem santos; e, enviando continuamente o Espírito, Ele cumpre o Seu Propósito divino de que eles devem ser um povo separado, santificado de todo o resto da humanidade. Nesse sentido, todo cristão já é perfeitamente santificado. Nós podemos dizer que os que creem são santificados, isto é, *separados* por Deus Pai. Eles foram separados antes de serem criados, foram legalmente separados pela compra de

Cristo e são manifesta e visivelmente separados pelo chamado eficaz do Espírito de divina graça. Eu digo que, nesse sentido, eles são santificados em todos os períodos; e, quanto à obra referente a Deus Pai, eles são totalmente santificados para o Senhor para sempre.

Essa doutrina não é suficientemente clara para todos vocês? Deixem a doutrina por um momento e analisemo-la praticamente. Irmãos e irmãs, nós alguma vez percebemos essa verdade de Deus como devemos? Quando um vaso, uma taça, um altar ou um utensílio era separado para adoração divina, nunca mais era usado para propósitos comuns! Ninguém, além do sacerdote, podia beber do cálice de ouro; o altar não podia ser tratado com descaso; a pia de bronze de Deus não era para lavagem comum; nem mesmo as tenazes, hastes unidas por um eixo sobre o altar, e as espevitadeiras das lâmpadas deveriam ser profanadas com qualquer tipo de propósito comum. Que realidade sugestiva e solene! Se você e eu somos santificados por Deus Pai, nunca devemos ser usados para qualquer propósito que não seja Deus! "O quê?" — dizem vocês; "Não para nós?". Meus irmãos e irmãs, não para nós mesmos! Você não pertence a si mesmo: foi comprado por um preço. "Mas, não devemos trabalhar e ganhar o nosso próprio pão?" É verdade, vocês precisam fazê-lo, mas não tendo isso como seu objetivo. Vocês ainda precisam ser "no zelo, não [...] remissos; [mas] fervorosos de espírito, servindo ao Senhor". Lembrem-se de que, se vocês são servos, devem servir não aos olhos para agradar a homens, mas, sim, servir ao Senhor. Se alguém disser "Eu tenho uma ocupação na qual não posso servir ao Senhor", deixe-a — você não tem direito algum nela! Porém, eu penso que não há nenhuma vocação na qual o homem possa ser encontrado, certamente nenhuma vocação legítima, na qual ele não possa dizer: "quer eu coma, beba ou faça outra coisa qualquer, faço tudo para a glória de Deus". O cristão não é um homem comum, assim como o altar não era um lugar comum. O crente viver para si mesmo ou para o mundo é um sacrilégio tão grande quanto você e eu termos profanado o lugar santíssimo, usado o fogo sagrado na nossa própria cozinha, o incensário para perfume comum ou o candelabro para o nosso próprio quarto. Essas coisas eram de Deus, ninguém podia se aventurar a apropriar-se delas; nós somos de Deus e precisamos ser usados somente para Ele. Ó, cristãos, eu gostaria que vocês soubessem disso! Vocês são de Cristo, são de Deus; servos de Deus por meio de Jesus Cristo! Vocês não devem fazer as suas próprias obras; não devem viver para os seus próprios objetivos. Vocês devem dizer em todos os momentos: "Deus não permita que eu me glorie, senão na cruz do nosso Senhor Jesus". Vocês devem aceitar praticamente como seu lema: "Para mim, o viver é Cristo, e o morrer é lucro". Receio que nove de cada dez cristãos professos nunca tenham reconhecido esse fato. Eles pensam que, se tivessem de devotar uma *parte* de sua essência, isso bastaria, ou que uma *parte* de seu tempo seria suficiente. Ó, Cristo não comprou uma *parte* de vocês! Irmãos e irmãs, Jesus Cristo não comprou uma parte de você! Ele comprou você *inteiro*, corpo, alma e espírito, e precisa receber você, a pessoa inteira. Ó, se vocês querem ser parcialmente salvos por Ele e em parte por si mesmos, vivam para si mesmos! Porém, se Deus os separou totalmente para serem vasos de misericórdia adequados para o Seu uso, não roubem o Senhor; não tratem como copos comuns as coisas que são como os recipientes do altar!

Aqui há outro pensamento prático. Foi um crime que levou destruição à Babilônia quando Belsazar, brincando embriagado, mandou trazerem as taças do Senhor, o belo despojo do Templo de Jerusalém. Eles trouxeram o candelabro de ouro, que ficou fulgurando no meio do salão de mármore. Rodeado por suas esposas e concubinas, o déspota encheu a taça com a bebida espumante, ordenando-lhes que passassem as taças de Jeová; os pagãos, os adoradores de ídolos, beberam confusão ao Deus do Céu e da Terra. Naquele momento, tão logo o vaso sagrado tocou os lábios sacrílegos, uma mão foi vista misteriosamente escrevendo o destino de Belsazar — "Pesado foste na balança e achado em falta". Foi esse o crime que levou o seu pecado ao limite! Agora, a medida de sua iniquidade estava plena. Ele havia usado para fins de lascívia e embriaguez vasos que pertenciam a Jeová, o Deus de toda a Terra. Ó, cuidem, cuidem, vocês que professam ser santificados pelo sangue da aliança, de que não sejam considerados profanos! Cuidem de não tornarem o seu corpo — que vocês professam ser separado para servir a Deus — escravo do pecado ou seus membros, servos da iniquidade para a iniquidade, para que vocês, os que professam, naquela hora não ouçam a voz do anjo escriba, quando este proclama: "Você foi pesado na balança e achado em falta"! Seja limpo, você que carrega os vasos do Senhor; e você, amado, que espera ser de Cristo e tem a fé humilde nele nesta manhã, cuide de andar de maneira circunspecta, para de modo algum prostituir a serviço do pecado aquilo que foi separado para ser somente de Deus na eterna aliança da graça! Se você e eu formos tentados a pecar, deveremos responder: "Não! Que outro homem faça isso, mas eu não posso; eu sou de Deus; eu sou separado para Ele; 'como, pois, cometeria eu tamanha maldade e pecaria contra Deus?'". Que a dedicação imponha a santificação. Pense na dignidade a qual Deus o chamou — vaso de Jeová, separado para uso do Mestre! Longe de você, longe de você seja tudo que o tornaria impuro! Quando Antíoco Epifânio sacrificou uma porca no altar do Senhor no Templo de Jerusalém, sua terrível morte poderia ter sido facilmente predita. Quantos dos que fazem uma profissão elevada ofereceram carne imunda sobre os altares de Deus! Muitos fizeram da religião um cavalo para perseguição de sua própria recompensa e adotaram a fé para conquistar estima e aplauso de homens! O que diz o Senhor quanto a isso? "A mim pertence a vingança; eu retribuirei" (Hebreus 10:30). O deus deles era o seu ventre; eles se glorificavam em sua vergonha; importavam-se com coisas terrenas — e morriam justamente amaldiçoados. Eles são manchas nas suas festas solenes; estrelas errantes para quem está reservada a negridão das trevas eternamente! Vocês, porém, amados, não se deixem levar pelo erro dos ímpios: mantenham-se limpos das manchas do mundo.

2. No Antigo Testamento a palavra "santificar" é usada, de quando em quando, com outro significado, que eu não percebo ser sugerido nas nossas enciclopédias bíblicas, mas é necessário para tornar o assunto completo. A palavra "santificar" é usada não somente para significar que algo é separado para uso sagrado, mas também *que deve ser considerado, tratado e declarado como algo santo*. Para dar um exemplo, a passagem de Isaías 8:13 é precisa ao declarar: "Ao SENHOR dos Exércitos, a ele santificai". Percebe-se claramente que o Senhor não precisa ser separado para uso sagrado; o Senhor dos Exércitos não precisa ser purificado, porque é a própria Santidade! Essa passagem significa *adorem* e *reverenciem* o Senhor; aproximem-se do Seu trono com temor e tremor; considerem-no o santo de Israel. Porém, deixem-me dar-lhes outros exemplos. Em Levítico 10 está registrado que, quando Nadabe e Abiú ofereceram sacrifícios a Deus e colocaram fogo estranho no altar, o fogo do Senhor os consumiu. E o motivo dado foi: "Mostrarei a minha santidade naqueles que se cheguem a mim". O Senhor não quis dizer que Ele seria separado, nem que Ele seria santificado pela purificação, e sim que Ele seria tratado e considerado como o Ser Santíssimo, com o qual tais liberdades não deviam ser tomadas! E novamente em Números 20:12, naquela infeliz ocasião em que Moisés perdeu a paciência e feriu a rocha duas vezes dizendo: "Ouvi, agora, rebeldes: porventura, faremos sair água desta rocha para vós outros?", o Senhor disse que ele *veria* a Terra Prometida, mas *nunca entraria* nela. O motivo foi: "Visto que não crestes em mim, para me santificardes diante dos filhos de Israel"; com isso, Ele quis dizer que Moisés não agira de modo a honrar o nome de Deus entre o povo. Um exemplo ainda mais conhecido ocorre naquela que é comumente chamada *Oração do Senhor*: "Pai nosso, que estás nos céus, santificado seja o teu nome", segundo o original grego. Ora, nós sabemos que o nome de Deus não precisa de purificação ou de separação — de modo que o sentido aqui só pode ser "Que o Teu nome seja reverenciado e adorado em toda a Terra, e que os homens o considerem algo sagrado e santo".

Meus amados irmãos e irmãs, não temos aqui alguma luz sobre o nosso segundo texto — "santificados em Cristo Jesus"? Se a palavra "santificado" pode significar "considerado sagrado e tratado como tal", vocês não conseguem ver como, em Cristo Jesus, os santos são considerados por Deus como sagrados e tratados como tais? Observem que nós não estabelecemos esse como o *único* significado do texto, porque teremos de mostrar que outro sentido pode estar ligado a ele. Certos irmãos se enfatuaram por sermos santificados em Cristo e quase se esqueceram da obra do Espírito. Ora, se eles só falam de sermos santificados em Cristo no sentido de sermos tratados como sagrados — de fato, como sendo *justificados* —, não discutimos com eles, mas, se negam a obra do Espírito, são culpados de erro mortal. Já ouvi, algumas vezes, ser usado o termo "santificação imputada", o que é puro absurdo! Não podemos sequer usar o termo "justificação imputada". "Justiça imputada" é suficientemente correto e implica uma doutrina gloriosa, mas a *justificação* não é imputada; na verdade, ela é conferida! Somos justificados por meio da justiça imputada de Cristo, mas, quanto à *santificação* ser imputada, ninguém que entenda o uso da linguagem poderá falar assim! O termo é impreciso e antibíblico. Eu sei que é dito que o Senhor Jesus se tornou para nós, da parte de Deus, sabedoria, justiça, santificação e redenção; porém, essa santificação não é por *imputação*, nem o texto diz isso. Ora, seria tão fácil provar por esse texto a *sabedoria* imputada, ou a *redenção* imputada, quanto forçá-lo a ensinar a santificação imputada! É fato que, devido ao que Jesus Cristo fez, o povo de Deus, embora em si mesmo apenas *parcialmente* santificado por ainda estar sujeito ao pecado, é tratado e considerado, devido a Cristo, como se fosse perfeitamente santo. Porém, segundo definições teológicas, isso é mais justificação do que santificação; é preciso, porém, admitir que, às vezes, a Escritura usa a palavra "santificação" de uma maneira que a torna equivalente à justificação. Entretanto, podemos ver claramente que o povo de Deus tem acesso com ousadia ao Senhor por ser considerado, por meio de Cristo, como se fosse perfeitamente santo. Ó, irmãos, pensem nisso durante um momento! O Deus santo não pode ter relacionamento com homens ímpios. O Deus santo — e Cristo Jesus não é Deus? — não pode ter comunhão com a impiedade e, contudo, vocês e eu somos ímpios! Como, então, Cristo nos recebe ao Seu seio? Como o Seu Pai anda conosco e se agrada? Porque Ele não nos vê em nós mesmos, mas em nosso grande Chefe federativo, o Segundo Adão, Ele olha para nós —

Não como estávamos na queda de Adão,
Quando pecado e ruína cobriram a vastidão;
E sim como, um dia, ficaremos
Mais do que o sol meridiano brilharemos.

Ele considera as obras de Cristo como sendo nossas — Sua obediência perfeita e vida sem pecado como nossas, e assim podemos cantar, nas palavras de Hart —

Vestidos com Tuas imaculadas vestes,
Santos como o Único Santo.

Nós podemos entrar ousadamente no lugar que está atrás do véu, onde nenhuma coisa profana pode ir e, contudo, podemos nos aventurar porque Deus nos vê como santos em Cristo Jesus. Essa é uma grande e preciosa doutrina; ainda assim, uma vez que o uso do termo "santificação" em qualquer outro sentido que não aquele em que é comumente empregado, significando a obra do Espírito, tende a fomentar noções confusas, e realmente temo levar alguns a desprezar a obra do Espírito de Deus, penso ser melhor, em conversas comuns entre os cristãos, falar de santificação sem confundi-la com aquilo que é um ato totalmente distinto, a saber, a justificação por meio da justiça imputada de nosso Senhor e Salvador Jesus Cristo. Contudo, se ouvirmos um irmão falar assim, não devemos ser demasiadamente severos com ele, como se ele certamente houvesse errado a partir da fé, porque, nas Escrituras, os termos "santificação" e "justificação" são frequentemente usados como sinônimos, e a justiça de Cristo tornou o assunto uma questão de duas obras da graça divina.

3. Chegamos agora ao sentido habitual em que a palavra "santificação" é empregada. Ela significa *realmente purificar ou tornar santo*; não meramente separar ou considerar santo, mas tornar *realmente* e *de fato* assim quanto à natureza! A palavra é usada com esse sentido em muitos lugares do Antigo Testamento. Vocês a encontrarão em Êxodo 19:10-12. No terceiro dia, Deus estava prestes a proclamar no topo do Sinai a Sua santa lei e ordenou: "Vai ao povo e purifica-o hoje e amanhã"; essa santificação consistiu em certos atos exteriores pelos quais os corpos e as roupas do povo foram levados a um estado de limpeza e suas almas foram levadas a um reverente estado de temor. Em Josué 3, vocês encontram que, quando os filhos de Israel estavam prestes a atravessar o Jordão, foi-lhes dito: "Santificai--vos, porque amanhã o Senhor fará maravilhas no meio de vós". Eles deveriam preparar-se para serem observadores de uma cena muito augusta quando o Jordão fosse contido e ficasse totalmente seco diante dos pés dos sacerdotes de Deus! Nesse caso houve, de fato, uma purificação. Naqueles tempos antigos, os homens eram aspergidos com sangue e, assim, santificados contra corrupção e considerados puros aos olhos de Deus. Esse é o sentido que vemos no nosso terceiro texto — "santificação pelo Espírito" — e esse, repito, é o sentido geral em que a entendemos em conversas comuns entre cristãos.

A santificação começa na regeneração. O Espírito de Deus infunde no homem o novo princípio denominado espírito, que é uma terceira e mais elevada natureza, para que o homem que crê se torne corpo, alma *e espírito*. E nisso ele é distinto e distinguido de todos os outros homens da raça de Adão. Essa obra, que começa na Regeneração, é realizada de duas maneiras — por vivificação e por mortificação; isto é, dando vida ao que é bom e enviando a morte para o que é mau no homem: mortificação, por meio da qual as concupiscências da carne são dominadas e subjugadas; e vivificação, pela qual a vida que Deus colocou em nós torna-se uma fonte de água que jorra para a vida eterna. Isso é realizado todos os dias por meio daquilo que chamamos de perseverança, pela qual o cristão é preservado e mantido num estado de graça, e feito para abundar em boas obras para louvor e glória de Deus. E ela culmina, ou chega à perfeição, na "glória", quando a alma, já perfeitamente purgada, é arrebatada para habitar com seres santos à destra da Majestade Altíssima. Ora, essa obra, embora comumente falemos dela como sendo obra do Espírito, é tanto do Senhor Jesus Cristo quanto do Espírito. Ao procurar por textos acerca do assunto, deparei-me com o fato de, ao encontrar um verso falando dela como obra do Espírito, encontrar outro em que ela era tratada como obra de Jesus Cristo. Posso bem entender que meu segundo texto, "santificados em Cristo Jesus", tem uma plenitude de significado tão grande quanto a do terceiro, "em santificação do Espírito". Peço a sua atenção. Temo que não muitos de vocês estarão interessados, exceto aqueles que participam dessa preciosa obra. Outros poderão considerar o assunto demasiadamente seco para eles. Ó, que eles ainda possam saber quão preciosa para os que creem é a obra purificadora da santificação!

A santificação é uma obra *em* nós, não uma obra *para* nós. Ela é uma obra em nós e há dois agentes — um é o Operador que desempenha essa santificação eficazmente — o Espírito — e o outro é o Agente, o meio eficaz pelo qual o Espírito propicia essa santificação

— Jesus Cristo e Seu preciosíssimo sangue! Para falarmos da maneira mais clara possível, suponham que uma roupa precise ser lavada. Aqui há uma pessoa para lavá-la e ali há um tanque no qual ela deve ser lavada. A pessoa é o Espírito Santo, mas o tanque é o precioso sangue de Cristo. É estritamente correto falar que a pessoa que lava é o *santificador*, e tem igual precisão falar daquilo que está no tanque e torna a roupa limpa como também sendo o santificador. Ora, o Espírito de Deus nos santifica. Ele opera a santificação de maneira eficaz. Porém, Ele nos santifica por meio do sangue de Cristo, por meio da água que fluiu com o sangue no flanco de Cristo. Repetindo a minha ilustração, eis aqui uma roupa preta; para torná-la branca, uma lavadeira usa salitre e sabão; tanto o salitre quanto o sabão são limpadores; assim, tanto o Espírito Santo quanto a expiação de Cristo são santificadores! Penso que isso esteja suficientemente claro. Ampliemos a discussão acerca da doutrina. O Espírito de Deus é o grande agente pelo qual nós somos purificados. Nesta manhã, não citarei os textos. A maioria de vocês tem a "Confissão Batista de Fé", publicada pela *Passmore and Alabaster*, e o "Catecismo", que geralmente são distribuídos entre as famílias de nossa igreja.[12] Eles lhe fornecerão uma abundância de textos acerca desse assunto, por essa ser uma doutrina geralmente recebida entre nós de que é o Espírito de Deus quem gera em nós um novo coração e um espírito reto, segundo o conteúdo da aliança — "Dar-vos-ei coração novo e porei dentro de vós espírito novo". "Porei dentro de vós o meu Espírito e farei que andeis nos meus estatutos." Ele renova e transforma a natureza — muda a tendência da vontade —, nos faz buscar o que é bom e correto, para que toda coisa boa em nós possa ser descrita como "o fruto do Espírito", e todas as nossas virtudes e todas as nossas graças sejam eficientemente

---

[12] N.E.: Charles H. Spurgeon pertencia à denominação Batista. Tanto a Confissão Batista de Fé (de Londres, 1689) quanto o Catecismo Batista (de autoria de Spurgeon) podem ser encontrados em versões PDF na internet.

geradas em nós pelo Espírito de Deus, o Deus vivo. Irmãos e irmãs, eu lhes imploro: nunca se esqueçam disso; nunca, nunca! Ó, será um péssimo dia para qualquer igreja quando os membros começarem a pensar levianamente acerca da obra do Espírito Santo em nós! Nós nos deleitamos em engrandecer a obra de Cristo *por* nós, mas não devemos depreciar a obra do bendito Espírito *em* nós.

Nos dias de meu venerável predecessor, o Dr. Gill, que, na opinião até mesmo dos ultracalvinistas, era confiável até o último fio de cabelo, esse mal pernicioso irrompeu em nossa Igreja. Alguns acreditavam no que se chamava "Santificação imputada" e negavam a obra do bendito Espírito. Ontem à noite, eu estava lendo em nosso antigo livro da igreja uma nota escrita na caligrafia do próprio doutor como a opinião deliberada desta igreja: "Concordamos que negar a santificação interior do Espírito como um princípio de graça divina e santidade gerada no coração, ou como consistindo em graça divina comunicada e implantada na alma, o que, embora não passe de uma obra iniciada e ainda incompleta, é uma obra permanente da graça e permanecerá, não obstante todas as corrupções, tentações e armadilhas, e será executada por seu Autor até o dia de Cristo, quando ocorrerá o encontro dos santos para a eterna glória, *é um erro grave, que reflete grandemente uma desonra ao bendito Espírito e Suas ações da graça no coração; subverte a verdadeira religião e a poderosa piedade e torna as pessoas inadequadas para a comunhão na igreja.* Portanto, concordamos ainda que essas pessoas que parecem ter abraçado esse erro não sejam admitidas à comunhão desta igreja; e caso qualquer um dos membros pareça tê-lo recebido e continuado nele, seja imediatamente excluído". Dois membros então presentes, que declararam ter a opinião condenada na resolução acima, e também uma terceira pessoa, que estava ausente, mas era bem conhecida por estar sob esse terrível engano, foram consequentemente excluídos naquela noite. Não, mais ainda, uma pessoa de outra igreja que tinha a opinião ali condenada foi proibida de comungar à mesa, e uma carta acerca do assunto foi enviada ao seu pastor em Kettering, advertindo-o a não permitir que tão grande erro permanecesse na comunhão. O doutor considerava o erro tão mortal que usou a faca de poda imediatamente! Ele não ficou parado permitindo que o erro se alastrasse: cortou os brotos! E esse é um dos benefícios da disciplina da igreja quando somos capacitados a realizá-la sob a autoridade de Deus — que ela poda o erro ainda em botão — e, assim, quem ainda não está infectado é impedido de o ser pela bendita providência de Deus, por meio da instrumentalidade da igreja! Nós sempre sustentamos, e continuamos sustentando e ensinando, que a obra do Espírito em nós, pela qual somos transformados à imagem de Cristo, é tão absolutamente necessária para a nossa salvação quanto é a obra de Jesus Cristo, pela qual Ele nos purifica de nossos pecados.

Pausemos aqui por um momento; e não deixe que eu distraia a sua mente enquanto digo que, embora o Espírito de Deus seja referido nas Escrituras como o autor da santificação, há um agente visível que não deve ser esquecido. Cristo disse: "Santifica-os na *verdade*; a tua palavra é a verdade". Rapazes da escola bíblica, procurem as passagens das Escrituras que provam que o instrumento de nossa santificação é a Palavra de Deus. Vocês descobrirão que há muitas. O que santifica a alma é a Palavra de Deus! O Espírito de Deus nos traz à mente os mandamentos e preceitos, e as doutrinas das verdades de Deus, e os aplica com poder. Estes entram pelo ouvido e, sendo recebidos no coração, agem em nós para querermos e realizarmos o que agrada a Deus. Quão importante é, então, as verdades de Deus serem pregadas! Quão necessário é você nunca tolerar um ministério que exclua as grandes doutrinas ou os grandes preceitos do evangelho! A verdade de Deus é o santificador e, se nós não ouvirmos a verdade e não dependermos dela, não cresceremos em santificação. Nós só avançamos na vida sã quando avançamos na sã compreensão. "Lâmpada para os meus pés é a tua palavra e, luz para os meus caminhos." Não diga sobre determinado erro: "Ó, é uma mera questão de opinião". Se é uma mera questão de opinião hoje, será uma questão de *prática* amanhã! Nenhum homem comete um erro de julgamento sem, mais cedo ou mais tarde, cometer um erro de prática. Como todo grão de verdade é um grão de pó de diamante, valorize todos eles! Sustente as verdades de Deus que você recebeu e lhe foram ensinadas. "Mantém o padrão das sãs palavras" e, nestes tempos em que os artigos [de fé] são ridicularizados, em que os credos são desprezados, apegue-se àquilo que você recebeu, para que seja encontrado "fiel entre os incrédulos" — porque, ao apegar-se à verdade de Deus, você será santificado pelo Seu Espírito. O agente, então, é o Espírito de Deus agindo por meio da verdade.

Agora, porém, deixe-me trazê-lo de volta à minha velha ilustração. Em outro sentido, nós somos santificados por meio de Cristo Jesus, porque é no Seu sangue e na água que fluiu do Seu flanco que o Espírito lava o nosso coração da impureza e da propensão ao pecado. Diz-se do nosso Senhor: "Cristo amou a igreja e a si mesmo se entregou por ela, para que a santificasse, tendo-a purificado por meio da lavagem de água pela palavra, para a apresentar a si mesmo igreja gloriosa, sem mácula, nem ruga, nem coisa semelhante". Lembre-se novamente: "também Jesus, para santificar o povo, pelo seu próprio sangue, sofreu fora da porta". "Tanto o que santifica como os que são santificados, todos vêm de um só. Por isso, é que ele não se envergonha de lhes chamar irmãos." Eu digo novamente: há centenas de textos desse tipo. "...lhe porás o nome de Jesus, porque ele salvará o seu povo dos pecados deles." "Longe esteja de mim gloriar-me, senão na cruz de nosso Senhor Jesus Cristo, pela qual o mundo está crucificado para mim, e eu, para o mundo." Na memorável passagem em que Paulo, lutando contra a corrupção, exclama: "Desventurado homem que sou! Quem me livrará do corpo desta morte?", a resposta não se refere ao Espírito Santo: ele diz "Graças a Deus por Jesus Cristo, nosso Senhor". O tempo disponível me proíbe uma multiplicidade de textos, mas há muitas passagens com o sentido de que a nossa santificação é obra de Jesus Cristo. Ele é o nosso santificador, porque encheu a sagrada pia de regeneração em que somos lavados; Ele a encheu com o Seu sangue e com a água que fluiu do Seu flanco, e nela nós somos lavados pelo Espírito Santo. Não há santificação pela lei; o Espírito não usa preceitos legais para nos santificar — não há purificação por meras ordens de moralidade; o Espírito de Deus não as usa. Não; assim como quando as águas de Mara eram amargas, Moisés, para torná-las doces, ordenou-lhes que pegassem uma árvore e a jogassem nas águas e elas se tornaram doces, igualmente o Espírito de Deus, ao encontrar a nossa natureza amarga, toma o madeiro do Calvário, lança-o na corrente de águas e tudo é tornado puro. Ele nos encontra leprosos e, para nos purificar, mergulha o hissopo da fé no precioso sangue e o asperge sobre nós, e nós ficamos limpos. Há uma misteriosa eficácia no sangue de Cristo, não meramente para remissão do pecado, mas para efetivar a morte do pecado. O sangue aparece diante de Deus e Ele se agrada. Ele cai sobre nós — as concupiscências perdem o vigor e as antigas corrupções sentem o golpe mortal! Dagom cai diante da arca e, embora o cepo seja deixado e corrupções ainda permaneçam, Cristo porá fim a todos os nossos pecados inatos e, por meio dele, nós subiremos ao Céu perfeitos, assim como o nosso Pai, que está nos Céus, é perfeito!

Assim como o Espírito só age por meio da verdade, o sangue de Cristo só é eficaz por meio da *fé*. Rapazes catecúmenos e da escola bíblica, mais uma vez eu lhes digo: consultem a Bíblia quando quiserem e procurem as muitas passagens que dizem que a fé santifica a alma e purifica a mente. A nossa fé se apega à preciosa expiação de Cristo. Ela vê Jesus sofrendo no madeiro e diz: "Eu prometo vingança contra os pecados que o pregaram ali". Assim, o Seu precioso sangue provoca em nós uma aversão a todo pecado e, por meio da verdade de Deus, o Espírito, agindo pela fé, aplica o precioso sangue da aspersão e nós somos purificados e aceitos no amado. Receio ter confundido e obscurecido o conselho com palavras; contudo, penso poder haver sugerido algumas linhas de pensamento que os levarão a ver que as Sagradas Escrituras nos ensinam a santificação, não estreita e concisa a ponto de ser escrita com uma definição curta, como em nossos livros de credo, e sim ampla, grande e expansiva! Uma obra na qual somos santificados por Deus Pai, santificados em Cristo e, ainda, temos nossa santificação por meio do Espírito de Deus. Ó, meus queridos ouvintes, esforcem-se pela santidade na prática! Vocês que amam a Cristo, não permitam que pessoa alguma diga de vocês: "Lá está um cristão, mas ele é pior do que os outros homens". Não é a nossa eloquência, nosso aprendizado, nossa fama ou nossa riqueza que pode recomendar Cristo ao mundo: é a vida santa dos cristãos! Dias atrás, eu estava falando a um irmão ministro acerca desse movimento do bicentenário[13], que temo que será uma imensa lesão à Igreja de Cristo. Eu temia que fosse uma oportunidade para contendas entre os irmãos; o erro precisa ser corrigido, mas o amor não deve ser ferido. Ele observou, e eu considerei muito verdadeiro, que a única maneira pela qual a dissidência floresceu no passado foi pela então superior santidade de seus ministros, de modo que, enquanto o clérigo da igreja estava caçando, o ministro dissidente estava visitando os enfermos; ele disse: "Será assim que nós perderemos o poder; se os nossos ministros se tornarem políticos e mundanos, tudo estará acabado para nós". Jamais evitei repreender quando pensei ser necessário, mas odeio a contenda. A única luta permitida é esforçar-se para conseguir ser o mais sagrado, o mais sincero, o mais zeloso — capaz de fazer o máximo pelos pobres e os ignorantes e de elevar a cruz de Cristo ao mais alto patamar! Essa é a maneira de elevar os membros de qualquer denominação específica — os membros desse corpo serem mais devotos, mais santificados, mais espirituais do que os outros. Todas as meras lutas partidárias só criarão contendas, animosidades e brigas

---

[13] N.E.: Data que marcou a expulsão de ministros presbiterianos da Igreja Anglicana da Inglaterra.

— e não provêm do Espírito de Deus! Porém, a força da Igreja consiste em viver para Deus e ser devotado a Ele; isso nos dará a vitória se Deus nos ajudar, e ao Seu nome será todo o louvor!

Quanto às pessoas aqui presentes que não são convertidas e não são regeneradas, não posso lhes falar de santificação. Eu abri uma porta esta manhã, mas vocês não são capazes de entrar. Lembrem-se apenas de que, se vocês não conseguirem entrar nela, não poderão entrar no Céu, porque —

Aqueles portões sagrados barram eternamente
A poluição, o pecado e a vergonha.
Ninguém obterá a permissão para entrar,
Senão os seguidores do Cordeiro.

Que lhe seja dado, pela graça de Deus, vir humildemente e confessar os seus pecados, e pedir e encontrar perdão, e então, mas não antes disso, haverá esperança de você ser santificado no Espírito de sua mente. O Senhor os abençoe, pelo amor de Jesus. Amém.

A TRANSMISSÃO DA LUZ DIVINA À ALMA

Demonstração de que uma luz divina e sobrenatural, diretamente transmitida à alma pelo Espírito de Deus, é uma doutrina bíblica e também racional.

Por JONATHAN EDWARDS
Pregado no ano 1734.

Então, Jesus lhe afirmou: Bem-aventurado és, Simão Barjonas, porque não foi carne e sangue que to revelaram, mas meu Pai, que está nos céus.
—Mateus 16:17

Cristo diz essas palavras a Pedro quando este professa sua fé nele como o Filho de Deus. O nosso Senhor estava perguntando aos Seus discípulos quem os homens diziam que Ele era; não que Ele precisasse ser informado, mas apenas para apresentar-se e abrir espaço ao que aconteceria em seguida. Eles respondem que alguns diziam que Ele era João Batista; outros, Elias; ainda outros, Jeremias ou um dos profetas. Assim, quando haviam relatado quem os outros diziam que Ele era, Cristo lhes perguntou quem eles diziam que Ele era. Simão Pedro, sempre zeloso e impetuoso, foi o primeiro a responder prontamente: *Tu és o Cristo, o Filho do Deus vivo.*

Nesta ocasião, Cristo diz *a* ele e *sobre* ele no texto em que podemos observar:

A) Que Pedro é declarado abençoado neste relato. *Bem-aventurado és* — "Tu és um homem feliz por não ignorares que eu sou *Cristo, o Filho do Deus vivo*. Tu és distintamente feliz. Outros são cegados e têm apreensões sombrias e iludidas, como relataste: alguns pensando que Eu sou Elias e alguns, que sou Jeremias, e uns uma coisa e outros, outra; porém, nenhum deles pensando corretamente, todos enganados. Feliz és tu por teres discernimento para saber a verdade no tocante a isso". B) A sua felicidade declarava a evidência disso, *isto é*, que Deus, e *somente* Ele, havia *revelado isso* a Pedro. Essa é uma evidência desse discípulo ser *bem-aventurado*.

Primeiro, por mostrar o quão, mais do que os outros, ele era peculiarmente favorecido por Deus, *como se dissesse*: "Quão altamente favorecido és tu, que os outros sábios e grandes homens, os escribas, fariseus e governantes e a nação em geral são deixados em trevas para seguirem suas próprias apreensões equivocadas; e que tu sejas escolhido, por assim dizer, pelo nome, para que meu Pai Celestial derrame Seu amor sobre ti, Simão Barjonas. Isso demonstra que és *bem-aventurado* por seres o objeto do amor distintivo de Deus".

Segundo, isso evidencia também a Sua bem-aventurança, pois sugere que esse conhecimento está acima de qualquer coisa que *carne* e *sangue* possam *revelar*. "Esse é um conhecimento que só o Meu *Pai celestial* pode dar; é demasiadamente elevado e excelente para ser transmitido pelos meios usados para os outros conhecimentos. Tu és *bem-aventurado* por saberes o que só Deus pode te ensinar."

A origem desse conhecimento é aqui declarada, tanto negativa quanto positivamente. *Positivamente*, por Deus ser aqui declarado seu autor. *Negativamente*, por ser declarado que *carne e sangue não o haviam revelado*. Deus é o autor de todo e qualquer conhecimento e entendimento. Ele é o autor do conhecimento obtido pelo aprendizado humano; Ele é o autor de toda prudência moral e do conhecimento e habilidade aplicados pelos homens aos seus afazeres seculares. Assim é dito acerca de todos os que, em Israel, tinham *coração sábio* e habilidade em bordar: que Deus os *encheu* com o *espírito de sabedoria* (Êxodo 28:3).

Deus é o autor de tal conhecimento; contudo a *carne e o sangue também o revelam*. Os homens mortais são capazes de transmitir o conhecimento das artes e ciências humanas, assim como a habilidade em assuntos temporais. Deus é o autor de tal conhecimento por esses meios: *carne e sangue* são empregados como sua causa *indireta* ou *secundária*; Ele o transmite pelo poder e influência dos meios naturais. Porém, esse conhecimento espiritual mencionado no texto é aquilo de que Deus, e ninguém mais, é o autor: Ele *o revela, carne e sangue não o revelam*. Ele transmite esse conhecimento diretamente, não fazendo uso de qualquer causa natural intermediária, como faz com outros conhecimentos.

O que havia passado no discurso anterior fez Cristo observar isso naturalmente, porque os discípulos vinham contando como os outros não o conheciam, e como eram geralmente equivocados a respeito dele, e divididos e confusos em suas opiniões a esse respeito; porém, Pedro declarara sua absoluta fé de que Ele era o *Filho de Deus*. Ora, era natural observar como não foram *carne e sangue* que haviam *revelado isso a ele*, e sim Deus, porque, se esse conhecimento dependesse de causas ou meios naturais, como veio a ocorrer que eles, um grupo de pescadores pobres, homens analfabetos e pessoas de baixa escolaridade alcançaram o conhecimento da verdade, enquanto os escribas e fariseus, homens mais privilegiados, com maior conhecimento e sagacidade em outras questões, permaneciam na ignorância? Isso só pode ser devido à graciosa influência distintiva e revelação do Espírito de Deus. Portanto, a partir dessas palavras, o tema do meu presente discurso é DOUTRINA.

Existe algo como uma luz espiritual e divina transmitida diretamente à alma por Deus, cuja natureza é diferente de qualquer outra obtida por meios naturais — e, a respeito disso, eu desejo:

1. Mostrar o que é essa luz divina.
2. Como ela é concedida diretamente por Deus e não obtida por meios naturais.
3. Mostrar a verdade da doutrina.

E, então, concluir com um breve avanço.

1. Desejo mostrar o que é essa luz divina. E, para isso, explanar, em primeiro lugar e resumidamente, o que ela não é. Aqui está:

1.1 As convicções que os homens naturais podem desenvolver acerca de seu pecado e miséria não são essa luz espiritual e divina. Os homens em estado natural podem ter convicções da culpa que recai sobre eles, da ira de Deus e de seu risco de vingança divina. Tais convicções provêm da luz ou sensatez da verdade. Assim, o fato de alguns pecadores terem maior convicção de sua culpa e miséria do que outros se deve a alguns terem mais luz, ou mais apreensão da verdade, do que outros. E essa luz e convicção podem ser provenientes do Espírito de Deus; o Espírito convence os homens do pecado; contudo, a natureza está muito mais interessada neste do que na transmissão daquela luz espiritual e divina mencionada na doutrina; ela provém do Espírito de Deus somente como auxiliar de princípios naturais, não para infundir novos princípios. A graça comum difere da especial por influenciar apenas ajudando a natureza e não transmitindo graça ou concedendo qualquer coisa além da natureza. A luz obtida é totalmente natural, ou em nada superior ao que a mera natureza alcança, embora mais desse tipo seja obtido do que seria se os homens fossem totalmente deixados por sua própria conta. Em outras palavras, a graça comum somente ajuda as habilidades naturais da alma a fazerem isso mais plenamente do que fazem por natureza, pois a consciência natural ou razão tornará, por mera natureza, um homem consciente da culpa e o acusará e o condenará quando errar. A consciência é um princípio natural aos homens; a obra que ela faz naturalmente, ou por si mesma, é dar uma apreensão do certo e do errado e sugerir à mente a relação existente entre estes e uma retribuição. Nas convicções que, às vezes, os homens não regenerados possuem, o Espírito de Deus ajuda a consciência a fazer essa obra em um grau maior do que se eles fossem deixados por sua própria conta: Ele a ajuda contra o que tende a estupidificá-la e obstruir seu exercício. Porém, na obra renovadora e santificadora do Espírito Santo, são moldadas na alma as coisas que estão além da natureza e das quais nada há de semelhante na alma por natureza; elas são trazidas à existência na alma por hábito e segundo uma constituição declarada ou lei que estabelece tal fundamento para o exercício em um curso contínuo, como é chamado um princípio da natureza. Não somente os princípios remanescentes são auxiliados a realizar sua obra de maneira mais livre e plena, mas são restaurados os princípios que foram totalmente destruídos pela queda. Daí em diante, a mente exerce habitualmente os atos de que o domínio do pecado a tornou totalmente destituída, tanto quanto um corpo morto é destituído de atos vitais.

O Espírito de Deus age de maneira muito diferente conforme o caso. Ele pode, de fato, atuar sobre a mente de um homem natural, mas age na mente de um santo como um princípio interior vivificante. Ele atua sobre a mente de uma pessoa não regenerada como um agente exterior e ocasional, porque, atuando sobre as pessoas, não se une a elas; pois, não obstante, todas as influências, às quais elas possam estar sujeitas, ainda são "sensuais, não tendo o Espírito"

(Judas 19). Ele se une, porém, à mente de um santo, toma-o como Seu templo, atua e o influencia com um novo princípio sobrenatural de vida e ação. Existe esta diferença de que o Espírito de Deus, ao atuar na alma de um homem piedoso, exerce e se comunica ali em Sua própria natureza. A santidade é a natureza peculiar do Espírito de Deus. O Espírito Santo opera na mente dos piedosos, unindo-se a eles, vivendo neles e exercendo Sua própria natureza no exercício das faculdades deles. O Espírito de Deus pode agir sobre uma criatura e, ainda assim, comunicar-se não agindo. Ele pode agir sobre criaturas inanimadas, como o *Espírito de Deus pairava por sobre as águas* no início da criação; assim, Ele pode agir sobre a mente dos homens de muitas maneiras e comunicar-se não mais do que quando age sobre uma criatura inanimada. Por exemplo, Ele pode estimular pensamentos neles, ajudar seu raciocínio e compreensão naturais, ou ajudar outros princípios naturais, e isso sem qualquer união com a alma; porém, pode agir, por assim dizer, como que sobre um objeto externo. Porém, ao agir em Suas santas influências e ações espirituais, o Espírito de Deus atua por um modo peculiar de comunicação de si mesmo, de modo que o sujeito é, então, denominado espiritual.

1.2 A luz espiritual e divina não consiste em qualquer impressão feita sobre a imaginação. Ela não é uma impressão na mente, como se alguém visse algo com os olhos físicos: não é uma imaginação ou ideia de uma luz externa ou glória, ou qualquer beleza de forma ou semblante, ou um esplendor ou brilho visível de qualquer objeto. A imaginação pode ser fortemente impressionada por tais coisas, mas isso não é luz espiritual. De fato, quando tem uma descoberta vívida de coisas espirituais e é grandemente afetada pelo poder da luz divina, a mente pode afetar muito a imaginação, e provavelmente o faz muito comumente, de modo que impressões de beleza ou brilho exterior possam acompanhar essas descobertas espirituais. Contudo, a luz espiritual não é essa impressão sobre a imaginação, e sim algo muito diferente dela. Os homens naturais podem ter impressões vívidas em sua imaginação e nós não as podemos determinar. Porém, o diabo, que se transforma em anjo de luz, pode provocar imaginações de beleza exterior, ou glória visível, e de sons e discursos, e outras coisas semelhantes; mas essas são coisas de natureza muitíssimo inferior à luz espiritual.

1.3 Essa luz espiritual não é a sugestão de novas verdades ou proposições não contidas na Palavra de Deus. Essa sugestão de novas verdades ou doutrinas à mente, independentemente de qualquer revelação antecedente dessas proposições, seja verbal ou escrita, é inspiração, tal como os profetas e apóstolos tinham e como alguns entusiastas fingem ter. Porém, essa luz espiritual de que estou falando é bem diferente de inspiração: não revela uma nova doutrina, não sugere uma nova proposição à mente, não ensina algo novo de Deus, de Cristo ou de outro mundo não ensinado na Bíblia — somente dá a devida apreensão das coisas ensinadas na Palavra de Deus.

1.4 Não é todo ponto de vista comovente que os homens têm sobre a religião que representa uma luz espiritual e divina. Por meros princípios da natureza, os homens são capazes de comover-se por coisas que têm uma relação especial com a religião, tanto quanto por outras coisas. Por mera natureza, uma pessoa pode, por exemplo, ser suscetível de comover-se com a história de Jesus Cristo e os sofrimentos a que Ele foi submetido, bem como por qualquer outra história trágica. Ela pode comover-se mais pela história devido ao interesse que concebe que a humanidade tenha. Sim, ela pode comover-se com a história sem nela acreditar, assim como um homem pode comover-se com o que lê em um romance ou vê encenado em uma peça teatral. Ele pode comover-se por uma descrição vívida e eloquente de muitas coisas agradáveis que tratam do estado dos benditos no Céu. Da mesma maneira que sua imaginação pode comover-se com uma descrição romântica do encanto da terra das fadas ou algo parecido. E essa crença comum da veracidade das coisas da religião, que as pessoas podem ter recebido por formação educacional ou de outro modo, pode ajudar a fomentar a sua comoção. Nós lemos nas Escrituras acerca de muitos que foram fortemente tocados por coisas de natureza religiosa que, não obstante, são ali representadas como totalmente desprovidas de graça; muitos deles eram homens muito doentes. Uma pessoa pode, portanto, ter visões comoventes das coisas da religião e, ainda assim, ser muito desprovida de luz espiritual. A carne e o sangue podem ser os responsáveis por isso: um homem pode dar a outro uma visão comovente das coisas divinas apenas com uma simples ajuda, mas só Deus pode dar-lhes o discernimento espiritual delas.

Agora, *em segundo lugar,* eu passo a mostrar, positivamente, o que é essa luz espiritual e divina.

Ela pode ser assim descrita: um verdadeiro senso da excelência divina das coisas reveladas na Palavra de Deus, e uma convicção da verdade e realidade delas decorrentes. Essa luz espiritual consiste primariamente no primeiro destes, *isto é,* uma verdadeira percepção e apreensão da excelência divina das coisas reveladas na Palavra de Deus. A convicção espiritual e salvadora da verdade e realidade dessas coisas provém de tal visão de sua divina excelência e glória; de modo que essa convicção de sua verdade é um efeito e consequência naturais dessa visão de Sua glória divina. Nisto, portanto, há luz espiritual:

A) Um verdadeiro sentido da excelência divina e superlativa das coisas da religião; um senso real da excelência de Deus e de Jesus Cristo, da obra da redenção, e dos caminhos e das obras de Deus revelados no evangelho. Há glória divina e superlativa nessas coisas; uma excelência de tipo muito mais elevado e natureza mais sublime do que nas outras coisas; uma glória que as distingue enormemente de tudo que é terreno e temporal. A pessoa espiritualmente iluminada a apreende e a enxerga verdadeiramente, ou tem dela uma percepção. Tal pessoa não acredita de maneira meramente racional que Deus é glorioso, mas tem uma percepção da glória de Deus em seu coração. Não há apenas uma crença racional de que Deus é santo e de que a santidade é uma coisa boa; há, sim, uma percepção da beleza da Sua santidade. Não há apenas um julgamento especulativo de que Deus é gracioso, e sim uma percepção de quão agradável Ele é devido a isso, ou uma percepção da beleza desse atributo divino.

Deus criou a mente do homem capaz de dupla compreensão ou entendimento do bem. A primeira é meramente especulativa e nocional, como quando uma pessoa julga apenas especulativamente que qualquer coisa é o que a humanidade concorda em considerar bom ou excelente, *isto é*, algo que é geralmente mais vantajoso e entre o qual e uma recompensa há adequação semelhante. E a outra é aquilo que consiste na percepção do coração, como quando há uma percepção da beleza, simpatia ou doçura de algo, de modo que o coração sente prazer e deleite à simples ideia daquilo. Na primeira, é exercida meramente o entendimento especulativo, ou a compreensão, estritamente assim chamada ou referida para que haja distinção entre ela e a vontade ou inclinação da alma. Nesta última estão principalmente envolvidos a vontade, a inclinação ou o coração.

Assim, há uma diferença entre ter, por um lado, uma *opinião* de que Deus é santo e gracioso; e, por outro, uma *percepção* da beleza dessa santidade e graça. Há uma diferença entre ter um julgamento racional de que o mel é doce e ter uma percepção de sua doçura. Um homem que não conhece o sabor do mel pode ter a primeira, mas não pode ter a última, se não tiver em sua mente uma ideia do sabor do mel. Portanto, há uma diferença entre acreditar que uma pessoa é bonita e ter a percepção de sua beleza. A primeira coisa pode ser obtida por boato, mas a última, somente por ver o semblante. Há uma ampla diferença entre o mero julgamento racional especulativo que algo é excelente e ter a percepção de sua doçura e beleza. O primeiro reside apenas na mente, envolvendo somente especulação, mas no último está envolvido o coração. Quando o coração é sensível à beleza e encanto de algo, sente necessariamente prazer na compreensão. Em uma pessoa perceber sinceramente a beleza de algo está implícito que a ideia dela é doce e agradável à sua alma, o que é muitíssimo diferente de ter uma opinião racional de que aquilo é excelente.

B) Surge dessa percepção de divina excelência das coisas contidas na Palavra de Deus uma convicção de sua verdade e realidade, seja direta ou indiretamente.

Em primeiro lugar: Indiretamente, e isso de duas maneiras.

Uma, quando os preconceitos que há no coração contra a verdade das coisas divinas são removidos, de modo que a mente se torna suscetível à devida força dos argumentos racionais em favor da sua verdade. A mente do homem é naturalmente repleta de preconceitos contra a verdade das coisas divinas: ela é repleta de inimizade contra as doutrinas do evangelho, o que é uma desvantagem para os argumentos que provam a sua verdade e faz com que eles percam sua força sobre a mente. Porém, quando uma pessoa descobre para si a excelência divina das doutrinas cristãs, isso destrói a inimizade, elimina aqueles preconceitos e santifica o raciocínio, fazendo-o ficar aberto à força dos argumentos em favor de sua verdade.

Por isso, era diferente o efeito exercido pelos milagres de Cristo tanto para convencer os discípulos quanto para convencer os escribas e fariseus. Não é que aqueles tivessem um raciocínio mais forte ou mais aprimorado, e sim que o raciocínio deles fora santificado e os preconceitos ofuscantes, aos quais os escribas e fariseus estavam submetidos, tinham sido removidos pela percepção que tiveram da excelência de Cristo e de Sua doutrina.

E outra quando essa convicção não somente remove os impedimentos do raciocínio, mas também o ajuda positivamente. Torna ainda mais vívidas até mesmo as noções especulativas. Exige a atenção da mente, com a firmeza e a intensidade necessárias para tal, fazendo-a ter uma visão mais clara deles; e a capacita a ver mais claramente as suas relações mútuas, aumentando a percepção delas. As próprias ideias, de outra maneira sombrias e obscuras, são, por esse meio, pressionadas com maior força e têm uma luz lançada sobre eles, para que a mente possa julgá-las melhor. Como quem contempla os objetos na face da Terra quando a luz do sol é lançada sobre eles para que a mente possa julgá-los melhor. Como aqueles que contemplam os objetos na face da Terra quando a luz do sol é lançada sobre eles, têm maior vantagem para discernir suas verdadeiras formas e relações mútuas, do que quem os vê sob a fraca luz das estrelas ou do crepúsculo.

Tendo uma percepção da excelência dos objetos divinos, a mente se deleita neles; e os poderes da alma são mais despertos e inspirados para se dedicarem à contemplação deles, e se esforçam mais plenamente e muito mais pelo propósito. A beleza e a doçura dos objetos movem as habilidades e suscitam suas práticas, de modo que o próprio raciocínio tem muito mais vantagens para seus exercícios adequados e livres, bem como para alcançar seu fim adequado, livre de trevas e ilusão.

Em segundo lugar, uma verdadeira percepção da excelência divina das coisas da Palavra de Deus convence mais direta e imediatamente de sua verdade, e isso porque a excelência dessas coisas é muito superlativa. Há nelas uma beleza tão divina e semelhante a Deus que as distingue grande e evidentemente das coisas meramente humanas ou das quais os homens são os inventores e autores. Uma glória tão elevada e grandiosa que, quando vista com clareza, obriga a concordar com sua divindade e realidade. Quando houver uma descoberta real e viva dessa beleza e excelência, não se permitirá qualquer pensamento que a defina como obra humana ou fruto da invenção de homens.

Essa evidência que as pessoas espiritualmente iluminadas possuem da verdade das coisas da religião é uma espécie de evidência intuitiva e imediata. Elas creem que as doutrinas da Palavra de Deus são divinas porque veem divindade nelas; isto é, elas veem nessas doutrinas uma glória divina, transcendente e mais evidentemente distintiva; uma glória tal que, se claramente vista, não dá margem a dúvidas de que seja de Deus e não de homens.

Tal convicção da verdade da religião, surgindo, dessas maneiras, de uma percepção de sua excelência divina, é aquela verdadeira convicção espiritual que há na fé salvadora. E quando essa fé se origina daquela convicção, ela distingue-se essencialmente do assentimento comum, que podem conseguir os homens não regenerados.

2. Prossigo agora para a *segunda* questão proposta, *a saber*, mostrar como essa luz é diretamente concedida por Deus e não obtida por meios naturais. E aqui...

2.1 Não se pretende que as faculdades naturais não sejam usadas. As habilidades naturais estão sujeitas a essa luz, e de tal maneira, que não são meramente passivas, mas ativas nela. As atitudes e práticas do entendimento do homem envolvem-se e tiram proveito dela. Ao deixar essa luz entrar na alma, Deus trata com o homem segundo a sua natureza de criatura racional e Ele faz uso de suas habilidades humanas. Contudo, essa luz não é menos proveniente de Deus; embora as habilidades sejam úteis, elas atuam como o objeto e não como a causa; e essa atuação das faculdades sob a luz existente não é a causa, mas é implícita na coisa em si (na luz transmitida) ou é consequência dela. Ocorre igual com o uso que fazemos de nossos olhos ao contemplar diversos objetos quando o Sol nasce. Não é esse uso que causa a luz que descortina esses objetos para nós.

2.2 Não se pretende que meios externos deixem de participar nesse assunto. Como já observei, nesse assunto não ocorre o mesmo que acontece com a inspiração, onde novas verdades são sugeridas. Aqui, somente por essa luz, é concedida a devida apreensão das mesmas verdades que são reveladas na Palavra de Deus; e, portanto, isso não é concedido sem a Palavra. Usamos o evangelho para isso; essa luz é a "luz do evangelho da glória de Cristo" (2 Coríntios 4:4). O evangelho é como um espelho pelo qual essa luz nos é transmitida. "Agora, vemos como em espelho" (1 Coríntios 13:12).

2.3 Agora, quando se diz que essa luz é dada instantaneamente por Deus e não obtida por meios naturais, subentenda-se que ela é concedida por Ele sem fazer uso de quaisquer meios que ajam por seu próprio poder, ou que Deus lance mão de uma força natural; eles não são causa mediadora para produzir esse efeito. Não há, verdadeiramente, qualquer segundo agente causador, sendo ela produzida diretamente por Deus. A Palavra de Deus não é causadora adequada desse efeito, visto que não opera por qualquer força natural nela existente. A Palavra de Deus só é usada para transmitir à mente o assunto dessa instrução salvadora e realmente a transmite a nós por força ou influência natural. Ela transmite à nossa mente essas e aquelas doutrinas; é a causa da percepção delas em nossa cabeça, mas não da percepção de sua divina excelência em nosso coração. De fato, uma pessoa não pode ter luz espiritual sem a Palavra, mas isso não argumenta que a Palavra produza propriamente a luz. A mente é incapaz de perceber a excelência de qualquer doutrina se essa doutrina não estiver, antes de tudo, na mente. Porém, ver a excelência da doutrina pode vir diretamente do Espírito de Deus, embora a transmissão da doutrina ou da própria proposição possa ser feita pela Palavra. Assim, as percepções, que são o objeto dessa luz, são transmitidas à mente pela Palavra de Deus; contudo, a devida percepção do coração, em que essa luz consiste formalmente, é dada diretamente pelo Espírito de Deus. Por exemplo, a noção de que existe um Cristo e de que Ele é santo e gracioso é transmitida à mente pela Palavra de Deus, mas a percepção da excelência de Cristo em razão dessa santidade e graça é, não obstante, obra direta do Espírito Santo.

3. Venho, agora, demonstrar a verdade da doutrina, isto é, mostrar que existe algo como a luz espiritual que foi descrita, assim colocada na mente diretamente por Deus. E, aqui, eu desejo mostrar brevemente que essa doutrina é *bíblica* e também *racional*.

Em primeiro lugar, é bíblica. Meu texto não é apenas plenamente voltado ao propósito, mas também à doutrina na qual as Escrituras abundam. Ali, somos amplamente ensinados de que os santos nisso diferem dos ímpios por terem o conhecimento de Deus e uma visão de Deus e de Jesus Cristo. Mencionarei apenas alguns de muitos textos. "Todo aquele que vive pecando não o viu, nem o conheceu" (1 João 3:6). "Aquele que pratica o bem procede de Deus; aquele que pratica o mal jamais viu a Deus" (3 João 11). "O mundo não me verá mais; vós, porém, me vereis" (João 14:19). "E a vida eterna é esta: que te conheçam a ti, o único Deus verdadeiro, e a Jesus Cristo, a quem enviaste" (João 17:3). Esse conhecimento, ou visão de Deus e de Cristo, não pode ser um mero conhecimento especulativo, porque dele se fala como ver e conhecer, e nisso eles diferem dos ímpios. E, conforme essas passagens, não deve ser apenas um conhecimento diferente em grau, circunstâncias e efeitos; ele precisa ser inteiramente diferente em natureza e tipo.

E essa luz e conhecimento são sempre mencionados como diretamente dados por Deus, conforme Mateus 11:25-27 — "Por aquele tempo, exclamou Jesus: Graças te dou, ó Pai, Senhor do céu e da terra, porque ocultaste estas coisas aos sábios e instruídos e as revelaste aos pequeninos. Sim, ó Pai, porque assim foi do teu agrado. Tudo me foi entregue por meu Pai. Ninguém conhece o Filho, senão o Pai; e ninguém conhece o Pai, senão o Filho e aquele a quem o Filho o quiser revelar". Aqui, esse efeito é atribuído unicamente à ação arbitrária e dádiva divinas, conferindo esse conhecimento a quem Ele deseja, e assim distinguindo as pessoas dotadas de menor vantagem natural ou meios para o conhecimento, até mesmo bebês, e negando-o aos sábios e instruídos. E a comunicação do conhecimento de Deus é aqui atribuída ao Filho de Deus como prerrogativa unicamente Sua. E, novamente — "Porque Deus, que disse: Das trevas resplandecerá a luz, ele mesmo resplandeceu em nosso coração, para iluminação do conhecimento da glória de Deus, na face de Cristo" (2 Coríntios 4:6). Isso demonstra claramente que existe algo como uma descoberta da superlativa glória divina e excelência de Deus e Cristo, que é peculiar aos santos; e também que ela provém diretamente de Deus, como a luz do sol, e é o efeito direto de Seu poder e vontade, porque é comparado à criação da luz por Deus por meio de Sua poderosa palavra no início da criação. É também descrita como vindo pelo Espírito do Senhor no versículo 18 do capítulo precedente. Deus é mencionado como concedendo, na conversão, o conhecimento de Cristo — algo que antes era oculto e invisível: "Quando, porém, ao que me separou antes de eu nascer e me chamou pela sua graça, aprouve revelar seu Filho em mim" (Gálatas 1:15,16). As Escrituras também falam claramente de tal conhecimento da Palavra de Deus, conforme descrito, como dádiva direta de Deus: Salmo 119:18 — "Desvenda os meus olhos, para que eu contemple as maravilhas da tua lei". O que o salmista poderia querer dizer ao implorar a Deus que lhe abrisse os olhos? Ele algum dia foi cego? Poderia ele não ter acesso à lei para ver todas as suas palavras e sentenças quando quisesse? E o que poderia ele querer dizer com "as maravilhas"? Seriam as histórias maravilhosas da criação, do dilúvio, da passagem de Israel pelo mar Vermelho e outras semelhantes? Seus olhos não estavam abertos para ler essas coisas estranhas quando ele quisesse? Sem dúvida, por "maravilhas" na lei de Deus ele se referia às distintivas e admiráveis excelências, e às maravilhosas manifestações das perfeições e glória divinas, contidas nos mandamentos e nas doutrinas da Palavra, e às obras e conselhos de Deus ali revelados. Assim, as Escrituras falam de um conhecimento da dispensação e aliança da misericórdia, e do caminho da graça, de Deus para o Seu povo, como peculiar aos santos e dado somente por Deus — "A intimidade do SENHOR é para os que o temem, aos quais ele dará a conhecer a sua aliança" (Salmo 25:14).

E as Escrituras ensinam também que a crença verdadeira e salvadora da verdade da religião é aquela que surge de tal descoberta. Como em João 6:40 — "E esta é a vontade daquele que me enviou, para que todo aquele que vê o Filho e nele crê, tenha a vida eterna", onde está claro que a verdadeira fé é a que surge da visão espiritual de Cristo. E João 17 — "Manifestei o teu nome aos homens que me deste do mundo [...]. Agora, eles reconhecem que todas as coisas que me tens dado provêm de ti; [...] e eles as receberam, e verdadeiramente conheceram que saí de ti, e creram que tu me enviaste" (vv.6-8). Em que Cristo manifestar o nome de Deus aos discípulos ou dar-lhes o conhecimento de Deus era o que os fazia saber que a doutrina de Cristo era de Deus e que o próprio Cristo era dele, procedia dele e fora enviado por Ele. Mais uma vez — "E Jesus clamou, dizendo: Quem crê em mim crê, não em mim, mas naquele que me enviou. E quem me vê a mim vê aquele que me enviou. Eu vim como luz para o mundo, a fim de que todo aquele que crê em mim não permaneça nas trevas" (João 12:44-46). Eles crerem em Cristo e vê-lo espiritualmente são ditos como fatos paralelos.

Cristo condena os judeus por não reconhecerem que Ele era o Messias e que Sua doutrina era verdadeira, a partir de um gosto e prazer interior distintivo pelo que era divino, em Lucas 12:56,57. Ali, Ele culpou os judeus porque, embora fossem capazes de discernir o aspecto do céu e da terra e os sinais do clima, não conseguiam discernir aqueles tempos; ou, conforme expressado em Mateus, os sinais daqueles tempos; Ele acrescenta, sim: "E por que não julgais também por vós mesmos o que é justo?" — isto é, sem sinais extrínsecos. Por que vocês não têm aquela percepção da verdadeira excelência, pela qual podem distinguir o que é santo e divino? Por que não têm gosto pelas coisas de Deus, pelas quais poderão ver a glória distintiva e a minha evidente divindade de e da minha doutrina?

O apóstolo Pedro menciona que o que deu a eles (os apóstolos) uma boa e bem fundamentada garantia da verdade do evangelho foi o fato de haverem visto a divina glória de Cristo. "Porque não vos demos a conhecer o poder e a vinda de nosso Senhor Jesus Cristo seguindo fábulas engenhosamente inventadas, mas nós mesmos fomos testemunhas oculares da sua majestade" (2 Pedro 1:16). O apóstolo se refere à glória visível de Cristo que eles viram em Sua transfiguração; aquela glória era tão divina, com tão inefável aparência e semelhança de divina santidade, majestade e graça, que o denotava evidentemente como uma pessoa divina. Porém, se uma visão da glória exterior de Cristo podia dar uma garantia racional de Sua divindade, por que uma apreensão de Sua glória espiritual não pode também fazê-lo? Sem dúvida, a glória espiritual de Cristo é, em si mesma, tão distintiva e demonstra tão claramente a Sua divindade quanto, e muito mais do que, a Sua glória exterior, porque a Sua glória espiritual é aquela em que consiste a Sua divindade; e a glória exterior de Sua transfiguração demonstrou que Ele era divino simplesmente por ser uma notável imagem ou representação daquela glória espiritual. Sem dúvida, portanto, quem teve uma visão clara da glória espiritual de Cristo pode dizer: "Eu não segui fábulas engenhosamente inventadas, mas fui testemunha ocular da Sua majestade, sobre bases tão sólidas quanto as do apóstolo quando se referiu à glória exterior de Cristo que havia visto". Porém, isso me leva ao que foi proposto a seguir, *a saber*, demonstrar que,

Em segundo lugar, essa doutrina é racional.

A) É racional supor que realmente existe tal excelência nas coisas divinas, que são tão transcendentes e extremamente diferentes do que há nas outras coisas, que, se fosse vista, muito evidentemente as distinguiria. Não podemos duvidar racionalmente que as coisas divinas, que pertencem ao Ser Supremo, são amplamente diferentes das coisas humanas; que há nelas aquela excelência divina, elevada e gloriosa, que mais notavelmente as diferencia das coisas dos homens; de tal modo que, se a diferença fosse apenas vista, influenciaria de maneira convincente e satisfatória qualquer pessoa de que elas são o que são, *isto é*, divinas. Que raciocínio pode ser feito contra isso? A menos que argumentássemos que, quanto à glória, Deus não é notavelmente distinto dos homens.

Se Cristo aparecesse agora a qualquer pessoa, como fez no monte em Sua transfiguração, ou se aparecesse ao mundo na glória em que agora aparece, como aparecerá no Dia do juízo, sem dúvida, a glória e majestade em que Ele apareceria seria tanta que satisfaria a todos no que se refere a Ele ser uma pessoa divina e a religião ser verdadeira; e seria também uma convicção extremamente razoável e bem fundamentada. E por que não pode haver aquele selo de divindade ou glória divina na Palavra de Deus, no esquema e na doutrina do evangelho, para que possa ser, semelhantemente distintiva e racionalmente convincente, desde que não visto? É racional supor que, quando Deus fala ao mundo, deve haver em Sua palavra ou discurso algo muito diferente da palavra do homem. Supondo-se que Deus nunca houvesse falado ao mundo, mas tivéssemos percebido que estivesse prestes a fazê-lo, que Ele estivesse prestes a revelar-se do Céu e falar diretamente conosco, em falas ou discursos divinos — com Sua própria boca, por assim dizer — ou que nos desse um livro escrito por Ele mesmo, de que maneira deveríamos esperar que Ele falasse? Não seria racional supor que Sua fala seria extremamente diferente da fala do homem, que Ele falaria como um Deus, isto é, que haveria tal excelência e sublimidade em Seu discurso ou palavra, um selo de sabedoria, santidade, majestade e outras perfeições divinas, tal que a palavra do homem, sim, do mais sábio dos homens, pareceria rude e básica em comparação à Sua palavra? Sem dúvida, seria considerado racional esperar isso e irracional pensar de outra maneira. Quando um homem sábio fala no exercício de sua sabedoria, em tudo que ele diz há algo muito distinguível da conversa de uma criança pequena. Sem dúvida, assim, e muito, mais deve a fala de Deus (se é que existe uma fala de Deus) ser distinguida daquela do mais sábio dos homens, segundo Jeremias 23:28,29. Havendo reprovado os falsos profetas que profetizavam em Seu nome e fingiam estar falando a Sua palavra quando, na verdade, era a palavra deles mesmos, Deus diz: "O profeta que tem sonho conte-o como apenas sonho; mas aquele em quem está a minha palavra fale a minha palavra com verdade. Que tem a palha com o trigo? — diz o SENHOR. Não é a minha palavra fogo, diz o SENHOR, e martelo que esmiúça a penha?".

B) Se existe uma excelência tão distintiva nas coisas divinas, é lógico supor que possa haver a possibilidade de vê-la. O que poderia impedi-la de ser vista? Não é argumento a inexistência de tal excelência distintiva ou que, se existir, não pode ser vista para que alguns não a vejam, embora possam ser homens com discernimento em assuntos temporais. Não é racional supor que, se existir alguma excelência nas coisas divinas, os homens iníquos devam vê-la. Não é racional supor que as pessoas cuja mente está cheia de poluição espiritual e sob o poder de concupiscências imundas devam ter qualquer apreciação ou percepção de beleza ou excelência divina; ou que sua mente deva ser suscetível a essa luz que é, por sua própria natureza, tão pura e celestial. Não deve, de modo algum, parecer estranho que o pecado cegue a mente a tal ponto, dado que os temperamentos e inclinações naturais particulares dos homens os cegarão muito em questões seculares, como quando o temperamento natural dos homens é melancólico, ciumento, temeroso, soberbo ou algo semelhante.

C) É coerente supor que esse conhecimento deve ser concedido diretamente por Deus e não obtido por meios naturais. Com base em que pareceria irracional haver qualquer comunicação direta entre Deus e a criatura? É estranho os homens considerarem isso difícil. Por que Aquele que fez todas as coisas não deveria ainda ter algo a ver com as coisas criadas por Ele? Se nós possuímos o ser de um Deus, e se Ele criou todas as coisas a partir do nada, onde está a grande dificuldade de permitir alguma influência direta de Deus sobre a criação até hoje? E se é razoável supor isso para qualquer parte da criação, é especialmente razoável supô-lo para criaturas inteligentes, que raciocinam; que estão próximas a Deus na hierarquia das diferentes ordens de seres e que tratam mais diretamente com Deus; que foram feitas propositalmente para os atos que respeitam a Deus e nos quais têm a ver com Ele em proximidade, porque a razão ensina que o homem foi feito para servir e glorificar ao seu Criador. E se é racional supor que Deus se comunica diretamente com o homem em qualquer caso, é aqui que isso se aplica. É racional supor que Deus reservaria o conhecimento e a sabedoria, que são de natureza tão divina e excelente, para serem diretamente concedidos por Ele mesmo e não transferidos a causas secundárias. A sabedoria espiritual e a graça são as dádivas mais elevadas e mais excelentes que Deus concede a qualquer criatura; nisso consiste a mais elevada excelência e perfeição de uma criatura racional. Elas são também, dentre todas as dádivas divinas, as mais imensamente importantes — aquelas em que consiste a felicidade do homem e das quais depende o seu eterno bem-estar. É muito lógico supor que Deus, por mais que tenha deixado bens menos significantes e dádivas inferiores para as causas secundárias — e, de algum modo, transferindo-os a elas — reserve essas mais excelentes, divinas e importantes de todas as comunicações divinas para si mesmo, para ser dada diretamente por Ele mesmo, como algo demasiadamente grandioso para estarem relacionadas às causas secundárias!

É razoável supor que essa bênção deva vir diretamente de Deus, porque não há dom ou benefício tão intimamente relacionado à natureza divina; nada há que a criatura receba que seja tanto de Deus, de Sua natureza, que seja tanto uma participação da divindade. Ela é uma espécie de emanação da beleza de Deus e está relacionada a Ele como a luz está relacionada ao Sol. É, portanto, congruente e adequado que, ao ser dada por Deus, deva ser diretamente de si mesmo e por si mesmo, segundo a Sua própria vontade soberana.

É lógico supor que estaria além do poder de um homem obter esse conhecimento e essa luz pela mera força do raciocínio natural, porque não pertence ao raciocínio ver a beleza e graciosidade das coisas espirituais; não se trata de algo especulativo, porém depende da percepção do coração. O raciocínio é, de fato, necessário a isso, porque somente por ele nos tornamos sujeitos dos seus meios, os quais eu já demonstrei serem necessários a isso, embora não sejam causais nessa questão. É por meio do raciocínio que nos tornamos possuidores de uma noção das doutrinas que constituem o sujeito dessa luz divina; e o raciocínio pode ser, de muitas maneiras, indireta e remotamente uma vantagem para isso. E o raciocínio está também envolvido nos atos imediatamente consequentes a esta descoberta: a visão da verdade da religião a partir daí ocorre por raciocínio, ainda que seja apenas um passo e a inferência seja imediata. Assim, o raciocínio tem a ver com aceitar a Cristo e confiar nele, *o que* é consequência disso. Porém, se tomarmos *o raciocínio* estritamente — não para a faculdade da percepção mental em geral, mas para a argumentação, ou um poder de inferir por argumentos —, a percepção da beleza e excelência espirituais não pertence ao raciocínio mais do que ao tato o perceber cores ou à visão o perceber a doçura do alimento. Está fora do alcance do raciocínio perceber a beleza ou a graciosidade de qualquer coisa — tal percepção não pertence a essa faculdade. A função do raciocínio é perceber a verdade, não a excelência. A argumentação não dá aos homens a percepção da beleza e graciosidade de um semblante, embora possa ser, de muitas maneiras, indiretamente vantajosa a isso; contudo, o raciocínio não a percebe imediatamente, como faz com a doçura do mel — isso depende da percepção do coração. O raciocínio pode determinar que um semblante é bonito para os outros e que o mel é doce para os outros, mas nunca me dará uma percepção da sua doçura.

Concluirei com um brevíssimo aprimoramento do que foi dito.

Em primeiro lugar: Essa doutrina pode nos levar a refletir sobre a bondade de Deus, que a ordenou de maneira que a evidência salvadora da verdade do evangelho seja alcançável por pessoas de capacidades e benefícios medianos, bem como as de maiores recursos e estudos. Se a evidência do evangelho dependesse apenas da história e de raciocínios semelhantes aos de que são capazes somente os homens instruídos, estaria além do alcance da maior parte da humanidade. Porém, pessoas com grau de conhecimento comum são capazes de ver, sem uma linha de raciocínio longa e sutil, a excelência divina das coisas religiosas; elas são tão capazes de ser ensinadas pelo Espírito de Deus quanto os homens instruídos. A evidência obtida dessa maneira é muito melhor e mais satisfatória do que tudo que pode ser obtido pela argumentação dos mais instruídos e maiores mestres do pensamento. E as crianças são tão capazes de conhecer essas coisas quanto os sábios e prudentes; porém, continuamente, essas coisas lhes são ocultadas, como aos sábios e prudentes; e, frequentemente, são encobertas destes quando são revelados àqueles. "Irmãos, reparai, pois, na vossa vocação; visto que não foram chamados muitos sábios segundo a carne, nem muitos poderosos, nem muitos de nobre nascimento; pelo contrário, Deus escolheu as coisas loucas do mundo..." (1 Coríntios 1:26,27).

Em segundo lugar: Essa doutrina pode nos fazer examinar a nós mesmos, buscando saber se essa luz divina descrita já foi, alguma vez, colocada na nossa alma. Se realmente existe tal coisa e não é apenas uma percepção ou capricho de pessoas de mente fraca e destemperada, então, sem dúvida, é algo de grande importância — quer assim tenhamos sido ensinados pelo Espírito de Deus; quer a luz do glorioso evangelho de Cristo, que é a imagem de Deus, haja resplandecido para nós, dando-nos a luz do conhecimento da glória de Deus na face de Jesus Cristo; quer tenhamos visto o Filho e crido nele; ou tenhamos a fé nas doutrinas do evangelho a qual surge da visão espiritual de Cristo.

Em terceiro lugar: Todos podem, portanto, ser ardentemente exortados a buscar essa luz espiritual. Para influenciar e avançar em sua direção, os seguintes pontos podem ser considerados.

A) Essa é a mais excelente e divina sabedoria de que qualquer criatura é capaz. Ela é mais excelente do que qualquer aprendizado humano; muito mais excelente do que todo o conhecimento dos maiores filósofos ou estadistas. Sim, o menor vislumbre da glória de Deus na face de Cristo exalta e enobrece a alma mais do que todo o conhecimento daqueles que têm a maior compreensão especulativa da divindade, porém destituídos de graça. Esse conhecimento tem o mais nobre objeto que existe ou pode existir, *a saber*, a divina glória ou excelência de Deus e de Cristo. O conhecimento desses objetos é aquilo em que consiste o mais excelente conhecimento dos anjos, sim, do próprio Deus.

B) Esse conhecimento é mais doce e alegre do que todos os outros. Os homens têm muito prazer no conhecimento humano, nos estudos das coisas naturais, mas isso nada é se comparado à alegria que surge dessa luz divina brilhando na alma. Essa luz dá uma visão das coisas imensamente mais belas e capazes de deleitar os olhos do entendimento. Essa luz espiritual é o alvorecer da luz da glória no coração.

Nada é tão poderoso quanto isso para apoiar os aflitos e para fornecer paz e iluminação à mente neste mundo tempestuoso e tenebroso.

C) Essa luz é tal que influencia efetivamente a disposição e modifica a natureza da alma. Ela assimila a natureza divina e transforma a alma em uma imagem da mesma glória que é contemplada. Veja 2 Coríntios 3:18 — "E todos nós, com o rosto desvendado, contemplando, como por espelho, a glória do Senhor, somos transformados, de glória em glória, na sua própria imagem, como pelo Senhor, o Espírito". Esse conhecimento o apartará do mundo e aumentará a disposição para as coisas celestiais. Ele voltará o coração para Deus como a fonte do bem e para escolhê-lo como única porção. Essa luz, e somente ela, levará a alma à salvação junto a Cristo. Ela conforma o coração ao evangelho e mortifica a sua inimizade e oposição contra o plano de salvação nele revelado; faz o coração abraçar as alegres boas-novas, aderir a elas inteiramente e aquiescer à revelação de Cristo como nosso Salvador; faz a alma toda entrar em harmonia e sintonia com ela, admitindo-a com total crédito e respeito, apegando-se a ela com plena disposição e afeição; e, efetivamente, dispõe a alma a entregar-se inteiramente a Cristo.

D) Essa luz, e somente ela, tem seus frutos numa vida de santidade universal. Não há entendimento meramente nocional ou especulativo das doutrinas da religião que levará a isso. Essa luz, porém, ao atingir o fundo do coração e transformar a natureza, dispor-se-á efetivamente a uma obediência universal. Ela mostra que a dignidade de Deus deve ser obedecida e servida. Ela impele o coração ao sincero amor a Deus, que é o único princípio de obediência verdadeira, graciosa e universal; e convence da realidade das gloriosas recompensas prometidas por Deus aos que obedecem a Ele.

Parte 2

A RELIGIÃO INTERIOR E A SANTIFICAÇÃO

O CONHECIMENTO CRISTÃO

Por JONATHAN EDWARDS

Pois, com efeito, quando devíeis ser mestres, atendendo ao tempo decorrido, tendes, novamente, necessidade de alguém que vos ensine, de novo, quais são os princípios elementares dos oráculos de Deus; assim, vos tornastes como necessitados de leite e não de alimento sólido.
—Hebreus 5:12

Essas palavras são uma queixa do apóstolo contra os cristãos hebreus, pela falta de proficiência no conhecimento das doutrinas e dos mistérios da religião que deles se esperava. O apóstolo se queixa porque eles não haviam avançado em sua familiaridade com as coisas ensinadas nos oráculos de Deus, o que eles deveriam ter feito. E escreve no sentido de censurá-los, não meramente por sua deficiência no conhecimento espiritual e experimental de coisas divinas, mas por sua deficiência em uma familiaridade doutrinária com os princípios da religião e as verdades da divindade de Cristo; isso fica evidente pela maneira como o apóstolo introduz essa repreensão. A oportunidade da sua introdução é haver, dois versículos antes, mencionado Cristo como sendo "nomeado por Deus sumo sacerdote, segundo a ordem de Melquisedeque". No Antigo Testamento, os oráculos de Deus, Melquisedeque foi apresentado como um eminente tipo de Cristo e o relato dele ali presente contém muitos mistérios do evangelho. O apóstolo estava disposto a enfatizar esses mistérios aos cristãos hebreus, mas percebeu que, com o seu parco conhecimento, eles não o entenderiam; por isso, momentaneamente, deixa de dizer algo acerca de Melquisedeque (v.11): "A esse respeito temos muitas coisas que dizer e difíceis de explicar, porquanto vos tendes tornado tardios em ouvir"; isto é, muitas coisas concernentes a Melquisedeque contêm maravilhosos mistérios do evangelho, os quais eu gostaria de levar ao conhecimento de vocês, se não temesse que, devido ao seu embotamento e atraso em entender essas coisas, vocês ficariam apenas intrigados e seriam confundidos pelo meu discurso e, portanto, não teriam proveito algum; e que seria isso demasiadamente difícil para vocês, como um alimento muito forte.

Em seguida, vêm as palavras do texto: "Pois, com efeito, quando devíeis ser mestres, atendendo ao tempo decorrido, tendes, novamente, necessidade de alguém que vos ensine, de novo, quais são os princípios elementares dos oráculos de Deus; assim, vos tornastes como necessitados de leite e não de alimento sólido" (Hebreus 5:12), como que dizendo: "De fato, poderia ter sido esperado de vocês que conhecessem o suficiente das Sagradas Escrituras para serem capazes de entender e digerir tais mistérios, mas isso não ocorre". O apóstolo fala da proficiência deles em tal conhecimento conforme transmitido por ensinamento *humano*, como dá a entender a expressão "quando devíeis ser mestres, atendendo ao tempo decorrido", que inclui não apenas um conhecimento prático e experimental, mas também um *conhecimento doutrinário* das verdades e dos mistérios da religião.

Novamente, o apóstolo fala de tal conhecimento, por meio do qual os cristãos são capacitados a entender as coisas da divindade que são mais abstrusas e difíceis de serem entendidas e que requerem grande habilidade em coisas dessa natureza. Isso é mais plenamente expresso nos dois versículos seguintes: "Ora, todo aquele que se alimenta de leite é inexperiente na palavra da justiça, porque é criança. Mas o alimento sólido é para os adultos, para aqueles que, pela prática, têm as suas faculdades exercitadas para discernir não somente o bem, mas também o mal" (vv.13,14). Esse é um tipo de conhecimento cuja proficiência levará as pessoas para além dos primeiros princípios da religião, como no trecho "tendes, novamente, necessidade de alguém que vos ensine, de novo, quais são os princípios elementares dos oráculos de Deus". Por isso, no início do capítulo seguinte, o apóstolo os aconselha: "pondo de parte os princípios elementares da doutrina de Cristo, deixemo-nos levar para o que é perfeito".

Podemos observar que a culpa desse defeito aparece por eles não haverem se tornado *proficientes* no devido tempo — àquela altura, eles já deveriam ser mestres. Por serem cristãos, deveriam aprender e adquirir conhecimentos cristãos. Eles eram estudiosos na escola de Cristo e, se houvessem aperfeiçoado seu tempo de aprendizado como deveriam, poderiam, quando o apóstolo escreveu, estar aptos a serem mestres nessa escola. Em qualquer negócio ao qual alguém se dedique, pode-se esperar que sua perfeição seja compatível com o tempo que teve para aprender e aperfeiçoar-se. Os cristãos não devem permanecer sempre bebês, devendo crescer nos conhecimentos cristão e, deixando o alimento dos bebês, aprender a digerir alimentos sólidos.

DOUTRINA

Todo cristão deve se empenhar em crescer no conhecimento da divindade. — Essa é, de fato, considerada a atividade dos sacerdotes e ministros; comumente, considera-se ser sua atividade adquirir conhecimento pelo estudo das Escrituras e de outros livros instrutivos; e a maioria parece pensar que isso lhes pode ser confiado como algo que não pertence a outros. Porém, se o apóstolo houvesse acolhido essa noção, nunca haveria culpado os hebreus cristãos por não haverem adquirido conhecimento suficiente para ser mestres. Ou, se ele houvesse pensado que aquilo abrangia os cristãos em geral como algo incidental e que o tempo deles não deveria, em grande medida, ser dedicado a isso, nunca os haveria culpado tanto por sua proficiência em conhecimento não ser correspondente ao tempo que eles tiveram para aprender.

Ao lidar com esse assunto, mostrarei: o que se entende por *divindade*; que tipo de *conhecimento* em divindade se pretende; por que o conhecimento em divindade é *necessário* e por que todos os cristãos devem se empenhar em *crescer* nesse conhecimento.

1. *O que se entende por divindade como objeto do conhecimento cristão*
Os que trataram desse assunto elaboraram diversas definições sobre ele. Não perguntarei qual, segundo as regras da arte, é a definição mais precisa; eu o definirei ou descreverei da maneira que penso ser a mais apropriada a transmitir uma noção adequada disso. É a ciência ou doutrina que compreende todas as verdades e regras referentes à grande atividade da religião.

Diversos tipos de artes e ciências são ensinados e aprendidos nas escolas, que estão familiarizadas com diversos objetos: acerca das obras da natureza em geral, como a filosofia; ou os céus visíveis, como a astronomia; ou o mar, como a navegação; ou a Terra, como a geografia; ou o corpo do homem, como a fisiologia e a anatomia; ou a alma do homem, no tocante aos seus poderes e qualidades naturais, como a lógica e a pneumatologia;[14] ou acerca do governo humano,

---

[14] N.E.: Neste caso não se refere ao estudo do Espírito Santo, mas do ramo da metafísica que se ocupa da alma ou de Deus.

como a política e a jurisprudência. Porém, uma ciência, ou tipo de conhecimento e doutrina, está acima de todos os demais, por tratar de Deus e da grande atividade da religião. A *divindade* não é aprendida, como as outras ciências, meramente pelo aprimoramento do raciocínio natural do homem, e sim ensinada pelo próprio Deus em um livro repleto de instruções, que Ele nos forneceu para esse fim. Essa é a regra que Deus concedeu ao mundo para ser seu guia na busca desse tipo de conhecimento e é um resumo de todas as coisas dessa natureza que necessitamos conhecer. Por conta disso, a divindade é chamada doutrina, não arte ou ciência.

De fato, existe o que é denominado *religião natural*. Há muitas verdades referentes a Deus e ao nosso dever para com Ele que são evidentes à luz da natureza. Porém, a *divindade cristã*, assim chamada com propriedade, não é evidente à luz da natureza: depende de revelação. Tais são as nossas circunstâncias agora, em nosso estado decaído, que nada que necessitamos conhecer acerca de Deus é manifesto à luz da natureza da maneira pela qual é necessário que o conheçamos, porque nenhum conhecimento da verdade sobre a divindade é importante para nós além daquele que, de uma maneira ou de outra, está revelado no evangelho, ou o conhecimento relacionado ao Mediador. Porém, a luz da natureza não nos ensina verdade alguma quanto a esse assunto. Portanto, não se pode dizer que chegamos ao conhecimento de qualquer parte da verdade cristã à luz da natureza. Somente a Palavra de Deus, contida no Antigo e no Novo Testamentos, nos ensina a divindade cristã.

Isso abrange tudo que é ensinado nas Escrituras e, assim, tudo que necessitamos saber, ou deve ser sabido, acerca de Deus e de Jesus Cristo, sobre o nosso dever para com Deus e a nossa felicidade em Deus. A divindade é comumente definida como *a doutrina de viver para Deus*; e, para alguns que parecem ser mais precisos, *a doutrina de viver para Deus por Cristo*. Ela compreende todas as doutrinas cristãs como são em Jesus e todas as regras cristãs que nos orientam a viver para Deus por Cristo. Não há uma doutrina única, nenhuma promessa, nenhuma regra, mas, sim, algo que, de um modo ou de outro, relaciona-se à vida cristã e divina, ou ao nosso viver para Deus por Cristo. Todas elas se relacionam a isso em dois aspectos, *a saber*: como tendem a promover a nossa vida para Deus aqui neste mundo em uma vida de fé e santidade, e também como tendem a nos levar a uma vida de perfeita santidade e felicidade usufruindo plenamente de Deus após esta vida.

2. *Que tipo de conhecimento em divindade é pretendido na doutrina* HÁ dois tipos de conhecimento da verdade divina, a saber: o *especulativo* e o *prático* — ou, em outros termos, *natural* e *espiritual*. O primeiro permanece apenas na mente. Nada exige além do entendimento. Tal entendimento consiste em ter um conhecimento natural ou racional das coisas da religião, ou um conhecimento tal que deve ser obtido pelo exercício natural das nossas próprias habilidades, sem qualquer revelação especial do Espírito de Deus. O espiritual não repousa inteiramente na mente ou nas especulações: o coração está envolvido nele; consiste principalmente na percepção do coração. O mero intelecto, sem a vontade ou a inclinação, não é onde ele repousa. E não pode ser chamado apenas de algo a ser visto, mas a ser sentido ou vivenciado. Portanto, há a diferença entre ter uma noção especulativa correta das doutrinas contidas na Palavra de Deus e ter a devida percepção delas no coração. A primeira consiste no conhecimento especulativo ou natural; a segunda consiste em conhecimento espiritual ou prático delas.

Nenhum desses é abrangido exaustivamente na doutrina do outro, mas a intenção é que busquemos a primeira *objetivando* a última. Essa última, *a espiritual* e *prática*, tem a maior importância, porque o conhecimento especulativo sem o conhecimento espiritual de nada serve senão para tornar maior a nossa condenação. Contudo, o conhecimento especulativo também tem infinita importância no tocante a isso, porque sem ele não podemos ter conhecimento espiritual ou prático.

Já mencionei que o apóstolo fala não apenas do conhecimento espiritual, mas do conhecimento que pode ser adquirido e transmitido de uma pessoa para outra. Contudo, não se deve pensar que ele queira dizer que um exclui o outro. Pelo contrário, ele preferiria que os cristãos hebreus buscassem um para chegar ao outro. Portanto, o conhecimento especulativo e prático é o primeiro e mais *diretamente* pretendido; subtende-se que, por leitura e outros meios adequados, os cristãos busquem um bom *conhecimento racional* das coisas da divindade, enquanto o último é mais almejado *indiretamente*, uma vez que deve ser buscado pelo outro. Porém, eu prossigo para...

3. *A utilidade e necessidade do conhecimento das verdades divinas*
NÃO há outra maneira pela qual qualquer meio da graça, seja qual for, possa trazer algum benefício senão pelo conhecimento. Sem aprendizado, todo ensino é em vão. Portanto, a pregação do evangelho seria totalmente desprovida de propósito se não transmitisse conhecimento à mente. Há uma ordem de homens que Cristo designou propositalmente para serem mestres em Sua Igreja. Porém, eles ensinam em vão se nenhum conhecimento acerca dessas coisas é adquirido por sua instrução. É impossível que seu ensino e pregação sejam um meio da graça, ou de qualquer bem ao coração de seus ouvintes, de qualquer outra forma que não pelo conhecimento transmitido ao entendimento. Caso contrário, seria tão benéfico para os ouvintes quanto se o pastor pregasse em algum idioma desconhecido. Toda a diferença é que a pregação em um idioma conhecido transmite algo ao entendimento, o que a pregação em um idioma desconhecido não faz. Por essa razão, esta última só pode ser improfícua. Em tais coisas, os homens nada recebem quando nada entendem; e só são edificados se algum conhecimento for transmitido; isso está em concordância com o argumento do apóstolo (1 Coríntios 14:2-6).

Nenhum discurso pode ser um meio da graça se não transmitir conhecimento. Caso contrário, o discurso é tão perdido quanto se não houvesse homem algum ali e se aquele que fala falasse apenas para o ar, como decorre da passagem citada acima (vv.6,10). Deus trata o homem como criatura racional; quando a fé é praticada, não se trata de algo que ele não conhece. Portanto, ouvir é absolutamente necessário à fé, porque ouvir é necessário ao entendimento. "E como crerão naquele de quem nada ouviram?" (Romanos 10:14). De semelhante modo, não pode haver amor sem conhecimento. Não corresponde à natureza da alma humana amar algo totalmente desconhecido.

O coração não pode se inclinar a um objeto do qual o entendimento não faz ideia. As razões que induzem a alma a amar precisam ser primeiramente compreendidas antes de poderem exercer uma influência razoável sobre o coração.

Deus nos deu a Bíblia, que é um livro de instruções. Porém, esse livro não nos poderá ser, de modo algum, proveitoso se não transmitir algum conhecimento à mente: sem o entendimento ele não nos poderá ser mais proveitoso do que se estivesse escrito em chinês ou tártaro, idiomas dos quais não conhecemos uma única palavra. Assim, os sacramentos do evangelho não podem ter efeito adequado senão pela transmissão de algum conhecimento. Eles representam certas coisas por meio de sinais visíveis. E qual é a finalidade dos sinais senão transmitir algum conhecimento acerca dos significados? A natureza do homem é tal que nenhum objeto pode chegar ao coração senão pela porta do entendimento; e não pode haver conhecimento espiritual daquilo de que não há, primeiramente, um conhecimento racional. É impossível alguém ver a verdade ou a excelência de qualquer doutrina do evangelho se não souber o que é essa doutrina. Um homem é incapaz de ver a maravilhosa excelência e o amor de Cristo em fazer isso e aquilo pelos pecadores se o seu entendimento não for, primeiramente, informado sobre como essas coisas foram feitas. Ele não consegue saborear a doçura e excelência da verdade divina se não tiver, primeiramente, a noção de que essa doçura e excelência existem.

Sem o conhecimento do Divino, ninguém seria capaz de diferir dos pagãos mais ignorantes e bárbaros. Os pagãos permanecem em densas trevas visto que não são instruídos e não obtiveram o conhecimento das verdades divinas.

Se os homens não tiverem conhecimento dessas coisas, a faculdade de raciocínio que há neles será totalmente em vão. A razão e o entendimento foram dados para a *verdadeira* compreensão e conhecimento. Se o homem não tem conhecimento em si, a capacidade de conhecer não lhe é útil. E, se ele tem conhecimento verdadeiro, ainda que seja destituído do conhecimento daquilo que é a razão da sua existência, e para cujo conhecimento lhe foi dado mais entendimento do que aos animais, ainda assim a sua capacidade de raciocínio é em vão; não faria diferença ele ser um animal ou um homem. Porém, para o conhecimento dos assuntos divinos nos foi concedida a capacidade de pensar. Elas são as coisas que dizem respeito à razão da nossa existência e à grande atividade para a qual fomos criados. Portanto, a faculdade de entendimento de um homem não pode ter qualquer bom propósito senão o conhecimento da verdade divina.

Dessa maneira, esse tipo de conhecimento é absolutamente necessário. Outros tipos de conhecimento podem ser muito úteis. Algumas outras ciências, como astronomia, filosofia natural e geografia, podem ser excelentes em si. No entanto, o conhecimento dessa ciência divina é infinitamente mais útil e importante do que o de todas as outras ciências.

4. *Por que todos os cristãos devem se dedicar a buscar aumentar seu conhecimento acerca da divindade*

Os cristãos não devem se contentar com os graus de conhecimento do Divino que já obtiveram. Não deve satisfazê-los saber apenas o absolutamente necessário para a salvação: eles devem procurar progredir. Esse esforço para progredir em tal conhecimento não deve ser visto como algo incidental: todos os cristãos devem torná-lo um *compromisso*. Eles devem considerá-lo parte de seus afazeres *diários*, e não diminuir a sua importância. Deve ser visto como parte considerável da realização do seu elevado chamado, pois...

A) Sem dúvida, grande parte da nossa atividade deve consistir em empregar as habilidades especiais pelas quais somos distinguidos dos animais, no tocante às coisas que são o motivo de ser dessas faculdades. A causa por que nos são concedidas capacidades superiores às dos animais irracionais é sermos, de fato, projetados para um propósito superior. Aquilo que o Criador pretendeu que fosse o nosso principal propósito é algo acima do que Ele pretendeu que o animal fosse e, por isso, nos deu poderes superiores. Portanto, sem dúvida, uma parte considerável da nossa atividade deve ser melhorar nossas faculdades superiores. Porém, a capacidade pela qual somos principalmente distinguidos dos animais irracionais é a faculdade da compreensão. Segue-se, então, que devemos fazer com que a nossa principal atividade seja aprimorar essa habilidade, e de modo algum exercê-la como uma atividade incidental. Tornarmos o aperfeiçoamento dessa faculdade uma atividade incidental é, de fato, *tornarmos* a própria capacidade da compreensão uma faculdade marginal, se assim posso dizer; algo de menor importância do que outras, enquanto ela é, de fato, a mais elevada que possuímos.

Porém, não podemos fazer do aprimoramento da nossa faculdade intelectual uma habilidade se não fizermos o nosso aprimoramento no conhecimento real ser um propósito. De modo que quem não faz disso boa parte do seu propósito, mas, em vez de aprimorar o seu entendimento para adquirir conhecimento, dedica-se principalmente ao seu poder inferior — agradar os seus sentidos e gratificar os seus apetites animais — esse não apenas se comporta de maneira não adequada aos cristãos, mas também age como se houvesse esquecido que são humanos e que Deus os pôs acima dos animais irracionais ao dar-lhes entendimento.

Deus concedeu ao homem algumas coisas em comum com os animais irracionais, como, por exemplo, seus sentidos externos, seus desejos físicos, a capacidade de sentir prazer e dor corporal e outras habilidades naturais; e algumas coisas superiores às desses animais, sendo a principal delas a capacidade de entendimento e raciocínio. Ora, Deus jamais concedeu ao homem essas faculdades para serem sujeitas ao que ele tem em comum com os animais. Isso seria uma grande confusão e o equivalente a fazer o homem ser servo dos animais. Pelo contrário, Ele deu esses poderes inferiores para serem empregados em subserviência ao entendimento do homem; portanto, melhorar o entendimento adquirindo conhecimento precisa ser uma grande parte da atividade principal do homem. Se assim for, então seguir-se-á que deve ser uma parte principal da sua atividade aprimorar o seu entendimento em adquirir o conhecimento divino, ou o conhecimento das coisas da divindade, porque o conhecimento dessas coisas é a razão de ser dessa faculdade. Deus concedeu ao homem a capacidade do entendimento, principalmente para que ele pudesse entender as coisas divinas.

Os pagãos mais sábios tinham consciência de que a principal atividade do homem era o aprimoramento e exercício do seu entendimento. Porém, não conheciam o objeto acerca do qual o entendimento deveria ser empregado. A filosofia era a ciência a que muitos deles pensavam que deveriam primeiramente empregar o entendimento; consequentemente, tornaram sua principal atividade estudá-la. Nós, porém, que desfrutamos da luz do evangelho, somos mais felizes; não somos deixados no escuro quanto a esse ponto específico. Deus nos falou principalmente sobre as coisas em que devemos empregar o nosso entendimento, tendo nos dado um livro repleto de instruções divinas, oferecendo muitos propósitos gloriosos acerca dos quais todas as criaturas racionais devem empregar, principalmente, o seu entendimento. Essas instruções são adequadas a pessoas de todas as capacidades e condições e são apropriadas para serem estudadas, não apenas por operários, mas por pessoas de todo caráter, letrados e iletrados, jovens e velhos, homens e mulheres. Portanto, a aquisição de conhecimento nessas coisas deve ser o compromisso principal de todos aqueles que têm a vantagem de usufruir das Sagradas Escrituras.

B) As verdades da divindade têm excelência superlativa e são dignas de que todos se esforcem para crescer no conhecimento delas. Elas estão tão acima de tudo que é tratado em outras ciências quanto o céu está acima da Terra. O próprio Deus, o Eterno três em um, é o principal objeto dessa ciência; a seguir, Jesus Cristo, como Deus, homem e Mediador, e a obra gloriosa da redenção, a obra mais gloriosa jamais realizada, e depois as grandiosas coisas do mundo celestial, a herança gloriosa e eterna comprada por Cristo e prometida no evangelho, a obra do Espírito Santo de Deus no coração dos homens, nosso dever para com Deus e a maneira pela qual nós mesmos podemos nos tornar semelhantes a anjos e ao próprio Deus à nossa medida. Todos esses assuntos são objetos dessa ciência.

Coisas como essas foram o principal tema do estudo dos santos patriarcas, profetas e apóstolos e dos homens mais excelentes que já existiram e são também o objeto de estudo para os anjos no Céu (1 Pedro 1:10-12). Eles são tão excelentes e dignos de serem conhecidos, que seu conhecimento recompensará ricamente todas as dores e esforços de uma busca sincera por eles. Se um grande tesouro de ouro e pérolas fosse encontrado acidentalmente e aberto em circunstâncias tais que todos pudessem ter tanto quanto pudessem pegar, não pensariam estes que valeria a pena fazer dessa coleta um compromisso enquanto o tesouro durasse? Porém, o tesouro de conhecimento divino contido nas Escrituras e provido para que cada um reúna para si o máximo que puder é muito mais rico do que ouro ou pérolas. Quão ocupados estão todos os tipos de homens, no mundo todo, em obter riquezas! Porém, esse conhecimento é um tipo de riqueza muito melhor do que aquele que eles tão diligente e laboriosamente buscam.

C) As verdades divinas não dizem respeito somente aos ministros, sendo de infinita importância para todos os cristãos. Não ocorre com a doutrina da divindade o mesmo que com as doutrinas da filosofia e de outras ciências. Estas últimas são, geralmente, pontos especulativos, de pouca importância na vida humana, e alteram muito pouco o que se refere aos nossos interesses temporais ou espirituais, quer as conheçamos ou não. Os filósofos diferem a seu respeito, alguns sendo de uma opinião e outros, de outra. E, enquanto estão envolvidos em disputas acaloradas quanto a elas, outros podem muito bem deixá-los discutindo entre si, sem incomodarem muito a mente com isso, pouco se importando com saber se um ou outro está certo. Porém, não é assim em matéria de divindade. As doutrinas sobre divindade dizem respeito a quase todos. Elas tratam das coisas relacionadas à salvação e felicidade eterna de todos os homens. As pessoas comuns não podem dizer: "Deixemos essas questões para ministros e sacerdotes; que disputem entre si como puderem; elas não nos interessam", pois elas têm infinita importância para todos os seres humanos. Essas doutrinas relacionadas à essência, aos atributos e à existência de Deus dizem respeito a todos, por ser de infinita importância para as pessoas comuns, tanto quanto para os ministros, saber que tipo de ser Deus é, visto que Ele é um Ser que criou todos nós, "nele vivemos, e nos movemos, e existimos"; que é o Senhor de todos; o Ser a quem todos temos de prestar contas; que é a razão da nossa existência e a única fonte da nossa felicidade.

As doutrinas também relacionadas a Jesus Cristo e Sua mediação, Sua encarnação, Sua vida e morte, Sua ressurreição e ascensão, Sua posição à destra do Pai e Sua satisfação e intercessão interessam infinitamente às pessoas comuns tanto quanto aos sacerdotes. Elas são tão necessitadas desse Salvador, e de um interesse em Sua pessoa, Suas atuações, as coisas que Ele fez e sofreu, quanto os ministros e sacerdotes. O mesmo pode ser dito das doutrinas relacionadas à maneira de justificação de um pecador ou à maneira pela qual ele se interessa na mediação de Cristo. Elas dizem respeito igualmente a todos, porque todos têm a mesma necessidade de justificação perante Deus. A condenação eterna a que todos estamos naturalmente expostos é igualmente terrível. Assim, com respeito às doutrinas relacionadas à obra do Espírito de Deus no coração, à aplicação da redenção ao nosso efetivo chamado e santificação, todos têm igual interesse nelas. Não há doutrina da divindade que não seja concernente, de uma maneira ou de outra, ao interesse eterno de todo cristão.

D) Em favor da mesma posição, podemos argumentar a partir dos grandes feitos por Deus para nos dar instrução nessas coisas. Quanto às outras ciências, Ele nos deixou a escolha à luz do nosso próprio raciocínio. Porém, tendo as coisas divinas uma importância infinitamente maior para nós, o Senhor não nos deixou à mercê de um guia incerto: Ele mesmo nos forneceu a revelação da verdade acerca desses assuntos e fez grandes coisas para transmiti-los e confirmá-los a nós — levantando muitos profetas em diferentes eras, inspirando-os diretamente por Seu Espírito Santo e confirmando a Sua doutrina com inumeráveis milagres ou obras maravilhosas que fogem ao curso estabelecido da natureza. Sim, Deus levantou uma sucessão de profetas, a qual foi mantida durante várias eras.

Foi fundamentalmente para esse fim que, de maneira tão maravilhosa, Deus separou o povo de Israel de todos os outros povos e o manteve separado; para que a Israel pudesse entregar os Seus oráculos e para que, a partir do Seu povo, eles pudessem ser transmitidos ao mundo. Também enviou, frequentemente, anjos para trazerem instruções divinas aos homens; e, com frequência, apareceu em símbolos miraculosos ou representações de Sua presença; e agora, nestes últimos dias, enviou Seu próprio Filho ao mundo para ser Seu grande profeta, para nos ensinar a verdade divina — Hebreus 1:1 etc. Deus nos deu um livro de instruções divinas, que contém a totalidade da divindade. Ora, Ele fez essas coisas não somente para instrução de ministros e homens de saber, e sim para instrução de todos os homens, de todos os tipos, letrados e iletrados, homens, mulheres e crianças. E, certamente, se Deus produziu coisas tão grandiosas para *nos ensinar*, nós devemos fazer algo para *aprender*.

O fato de Deus dar instruções aos homens nesses assuntos não é uma atividade incidental, mas algo que Ele empreendeu e levou a cabo por meio de grandes e maravilhosas dispensações, é algo em que Seu coração se empenhou grandemente. Nas Escrituras, às vezes isso se demonstra por Deus começar de madrugada a nos ensinar e nos enviar profetas e mestres. "Desde o dia em que vossos pais saíram da terra do Egito até hoje, enviei-vos todos os meus servos, os profetas, todos os dias; começando de madrugada, eu os enviei" (Jeremias 7:25); e também "eu vos falei, começando de madrugada" (7:13). Esse é um discurso figurativo, significando que Deus fez isso como uma atividade de grande importância, da qual Ele cuidou muito e na qual Seu coração esteve muito envolvido, porque as pessoas têm como hábito levantar cedo para realizar as atividades em que estão diligentemente engajadas. Se Deus esteve tão envolvido com ensinar, certamente não devemos ser negligentes em aprender, e sim fazer do crescer em conhecimento uma parte importante das atividades da nossa vida.

E) Isso pode ser argumentado com base na abundância das instruções que Deus nos deu, na grandeza do livro por Deus concedido a fim de nos ensinar a divindade e na grande variedade ali contida. Muito foi ensinado por Moisés no passado e transmitido a nós; depois disso, outros livros foram adicionados de tempos em tempos. Muito nos é ensinado por Davi e Salomão, e muitas e excelentes são as instruções transmitidas pelos profetas. Contudo, não considerando tudo isso suficiente, Deus enviou, depois disso, Cristo e Seus apóstolos, pelos quais é acrescentado um grande e excelente tesouro àquele Livro sagrado que será o nosso guia no estudo desse importante assunto.

Esse Livro foi escrito para uso de todos; todos são instruídos a examinar as Escrituras. "Examinais as Escrituras, porque julgais ter nelas a vida eterna, e são elas mesmas que testificam de mim" (João 5:39) e "Buscai do livro do SENHOR e lede" (Isaías 34:16). Quem lê e compreende é declarado bendito: "Bem-aventurados aqueles que leem e aqueles que ouvem as palavras da profecia" (Apocalipse 1:3). Se isso é válido para esse livro específico do *Apocalipse*, muito mais o é para a Bíblia em geral. Nem devemos acreditar que Deus teria fornecido tal abundância de instruções se tivesse em mente que receber instrução fosse apenas uma preocupação secundária nossa.

Deve-se considerar que todas aquelas abundantes instruções contidas nas Escrituras foram escritas para que possam ser compreendidas; caso contrário, não são instruções. O que não é dado para que o aprendiz possa entender não é dado para sua instrução; se não nos esforçarmos para crescer no conhecimento da divindade, grande parte dessas instruções será, para nós, em vão, porque não podemos receber das Escrituras mais benefício do que aquilo que entendemos. Temos razão para bendizer a Deus por Ele nos haver dado tão variada e abundante instrução na Sua Palavra, mas seremos hipócritas ao fazê-lo se, afinal, nos contentarmos com uma pequena parte dessa instrução.

Quando Deus abre diante de nós um tesouro tão grande para o suprimento das nossas necessidades e agradecemos a Ele por nos haver dado tanto — mas, ao mesmo tempo, nos dispusermos a permanecer destituídos da maior porção desse tesouro por preguiça de pegá-lo, isso demonstrará a insinceridade da nossa gratidão. Temos agora vantagens muito maiores para adquirir conhecimento da divindade do que o povo de Deus na antiguidade, porque desde então o cânone das Escrituras cresceu muito. Porém, se formos negligentes quanto às nossas vantagens, poderemos não ser merecedores delas e permaneceremos com tão pouco conhecimento quanto eles.

F) Por mais diligentemente que nos apliquemos, há espaço suficiente para aumentar o nosso conhecimento da verdade divina. Ninguém pode alegar que já sabe tudo para não se dedicar aplicadamente a adquirir conhecimento da divindade; nem pode alegar que não precisa se aplicar diligentemente a conhecer tudo que há para ser conhecido. Ninguém pode dar a desculpa de falta de oportunidade à qual se dedicar. Há espaço suficiente para nos dedicarmos para sempre a essa ciência divina, com a máxima aplicação. Quem se dedicou mais de perto, estudou durante mais tempo e fez as maiores conquistas nesse conhecimento conhece apenas um pouco do que há para ser conhecido. O assunto é inesgotável. O Ser divino, que é o tema principal dessa ciência, é infinito e não há fim para a glória das Suas perfeições. As Suas obras, ao mesmo tempo, são maravilhosas e não podem ser descobertas com perfeição; especialmente a obra da redenção, sobre a qual principalmente a ciência da divindade trata, pois é repleta de insondáveis maravilhas.

A Palavra de Deus, que é dada para nossa instrução em divindade, contém o suficiente para nos ocupar até o fim da nossa vida; então, deixaremos sem ser investigado o suficiente para ocupar a mente dos mais capazes sacerdotes até o fim do mundo. O salmista encontrou um fim para as coisas humanas, mas nunca conseguiu encontrar um fim para o que está contido na Palavra de Deus. "Tenho visto que toda perfeição tem seu limite; mas o teu mandamento é ilimitado" (Salmo 119:96). Nessa ciência divina há o suficiente para ocupar o entendimento de santos e anjos durante toda a eternidade.

G) Sem dúvida, compete a cada um se esforçar para ser excelente no conhecimento das coisas afeitas à sua profissão ou principal chamado. Se aos homens compete se destacar em alguma coisa, ou em alguma sabedoria ou conhecimento, certamente lhes compete destacar-se nos assuntos de sua principal atividade e obra. Porém, o chamado e obra de todo cristão é viver para Deus. Isso é denominado *soberana vocação* em Filipenses 3:14. Essa é a atividade e, se me permitem dizer, o *ofício* de um cristão, sua principal ocupação — e, de fato, deveria ser a sua única ocupação. Nenhuma atividade deve ser desempenhada por um cristão se não for, de algum modo, parte disso. Portanto, certamente o cristão deve se esforçar por estar bem familiarizado com as coisas que pertencem a essa ocupação, para que possa cumpri-la e estar totalmente equipado para ela.

A quem é chamado para ser soldado é adequado se destacar na arte da guerra. É adequado a um marinheiro destacar-se na arte da navegação. É adequado a um médico destacar-se no conhecimento das coisas que pertencem à arte da fisiologia. Assim, é adequado a todo aquele que professa ser cristão e se dedica à prática do cristianismo se esforçar para ser excelente no conhecimento da divindade.

H) Pode-se argumentar, portanto, que Deus designou uma ordem de homens com a finalidade de ajudar as pessoas a obterem conhecimento acerca dessas coisas. Ele os designou para serem mestres — 1 Coríntios 12:28 — e colocou alguns na igreja; por primeiro, apóstolos; em segundo, profetas; em terceiro, mestres: "E ele mesmo concedeu uns para apóstolos, outros para profetas, outros para evangelistas e outros para pastores e mestres, com vistas ao aperfeiçoamento dos santos para o desempenho do seu serviço, para a edificação do corpo de Cristo" (Efésios 4:11,12). Se Deus os designou para serem mestres, fazendo disso a atividade deles, fez com que a atividade deles fosse transmitir conhecimento. Porém, que tipo de conhecimento? Não o conhecimento da filosofia, das leis humanas ou das artes mecânicas, e sim da divindade.

Se Deus fez com que a atividade de alguns fosse ser mestres, isso significa que fez com que a de outros fosse ser alunos, porque mestres e alunos são correlatos. Um nunca foi destinado a existir sem o outro. Deus nunca fez dever de alguns esforçar-se para ensinar quem não se obriga a esforçar-se para aprender. Ele não ordenou que os ministros se desgastem para transmitir conhecimento a quem não se aplica para recebê-lo.

O nome pelo qual os cristãos são comumente chamados no Novo Testamento é *discípulos*; essa palavra significa *aprendizes* ou *alunos*. Todos os cristãos são colocados na escola de Cristo, onde sua atividade é aprender, ou receber conhecimento de Cristo, seu Senhor e mestre comum, e dos mestres subalternos por Ele designados para instruir em Seu nome.

I) Nas Escrituras, Deus revelou claramente ser a Sua vontade que todos os cristãos se empenhem diligentemente em distinguir-se no conhecimento das coisas divinas. É a vontade revelada de Deus que os cristãos não apenas tenham algum conhecimento de coisas dessa natureza, mas que sejam *enriquecidos com todo o conhecimento*. "Sempre dou graças a meu Deus a vosso respeito, a propósito da sua graça, que vos foi dada em Cristo Jesus; porque, em tudo, fostes enriquecidos nele, em toda a palavra e em todo o *conhecimento*" (1 Coríntios 1:4,5). Assim orou fervorosamente o apóstolo para que os filipenses cristãos pudessem abundar cada vez mais, não apenas em amor, mas em *conhecimento* cristão. "E também faço esta oração: que o vosso amor aumente mais e mais em pleno *conhecimento* e *toda a percepção*" (Filipenses 1:9). Assim, o apóstolo Pedro aconselha: "reunindo toda a vossa diligência, associai com a vossa fé a virtude; com a virtude, o *conhecimento*" (2 Pedro 1:5); e o apóstolo Paulo, no capítulo seguinte àquele em que está o texto, aconselha os hebreus cristãos a, deixando os primeiros princípios da doutrina de Cristo, prosseguirem para a perfeição. De modo algum ele desejaria que eles permanecessem para sempre apenas nas doutrinas fundamentais de arrependimento, fé, ressurreição dos mortos e juízo eterno, nas quais foram instruídos quando batizados, em sua iniciação ao cristianismo (Veja Hebreus 6).

5. Exortação a que todos se dediquem diligentemente a obter conhecimento cristão

CONSIDEREM-SE estudiosos ou discípulos colocados na escola de Cristo; e, portanto, sejam diligentes em ser proficientes no conhecimento cristão. Não se contentem em ter aprendido o catecismo na infância e de conhecerem os princípios da religião necessários para a salvação; caso contrário, serão culpados daquilo contra o que o apóstolo adverte, a saber, não ir além de estabelecer o fundamento do arrependimento de obras mortas etc.

Todos vocês são chamados a serem cristãos e esse é o seu compromisso. Empenhe-se, portanto, em adquirir conhecimento nas coisas referentes à sua fé. Que seus mestres não tenham motivo para reclamar de que, enquanto eles investem e se desgastam para lhes transmitir conhecimento, vocês se empenham pouco em aprender. Para um instrutor, é um grande incentivo ter algo para ensinar de modo a fazer da aprendizagem uma atividade, inclinando sua mente a isso. Isso torna o ato de ensinar um prazer; de outro modo, será uma tarefa muito pesada e penosa.

Todos vocês têm ao seu lado um grande tesouro de conhecimento divino, pelo fato de terem a Bíblia em suas mãos; portanto, não se contentem com possuir apenas um pouco desse tesouro. Deus falou muito a vocês nas Escrituras; empenhem-se em entender o máximo possível do que Ele diz. Deus fez de todos vocês criaturas racionais; portanto, não deixem a nobre capacidade de raciocínio ou entendimento negligenciada. Não se contentem em ter tanto conhecimento lançado em sua direção e em recebê-lo, em certo sentido, pela frequente inculcação da verdade divina na pregação da Palavra, da qual vocês são obrigados a ser ouvintes, ou acidentalmente em conversas. Mas, sim, seja grande parte da sua atividade buscá-lo com a mesma diligência e esforço com que os homens costumam cavar nas minas de prata e ouro.

Quero aconselhar especialmente os jovens a se dedicarem a isso. O homem nunca é velho demais para aprender, mas o tempo de aprender é especialmente na juventude; esse período é peculiarmente adequado para se obter e acumular conhecimento. Além disso, para despertar a todos, velhos e jovens, para esse dever, permitam-me lhes pedir que considerem:

A) Se vocês se dedicarem diligentemente a essa obra, não desejarão outra ocupação quando estiverem afastados da sua atividade secular comum para viver os seus momentos de lazer. Dessa maneira, poderão encontrar algo a que possam se dedicar proveitosamente. Vocês encontrarão outra coisa para fazer além de ir de casa em casa, passar horas a fio em conversas inúteis ou, na melhor hipótese, não ter outra finalidade senão se divertir, beber e desperdiçar seu tempo. E é de se temer que grande parte do tempo gasto em visitas noturnas seja gasto com um propósito muito pior do que aquele que mencionei agora. Salomão nos diz: "No muito falar não falta transgressão" (Provérbios 10:19). E não vemos isso nas pessoas que têm pouco a fazer além de ir às casas umas das outras e passar o tempo com conversas fiadas ou conforme a inclinação momentânea que alguém possa sugerir?

Algum desvio é, sem dúvida, legítimo; porém, cristãos desperdiçarem tanto do seu tempo, tantas noites longas, em conversas que só tendem a desviar e divertir, se não algo pior, é uma maneira pecaminosa de investir o tempo e tende, no mínimo, à pobreza de alma, se não à pobreza exterior. "Em todo trabalho há proveito; meras palavras, porém, levam à penúria" (Provérbios 14:23). Além disso, quando as pessoas nada mais têm a fazer durante a maior parte do tempo senão sentar-se, conversar e bater papo, há um grande perigo de cair em conversas tolas e pecaminosas, debatendo suas inclinações corrompidas, falando contra outros, expressando seus ciúmes e perversas suposições acerca de seus próximos, não considerando o que Cristo disse em Mateus 12:36 — "de toda palavra frívola que proferirem os homens, dela darão conta no Dia do Juízo".

Se você obedecesse ao que ouviu dessa doutrina, encontraria outra coisa em que empregar o seu tempo além de contenda ou falar sobre assuntos públicos que tendem à discórdia. Os jovens podem encontrar outra coisa para fazer em vez de investir seu tempo com más companhias; fariam algo que seria muito mais proveitoso para si mesmos, porque realmente se transformaria em bom testemunho; algo que tenha a ver com estarem mais afastados do caminho da tentação e andar mais no caminho do dever e da bênção divina. Até mesmo as pessoas idosas teriam algo com que se ocupar após se tornarem incapazes de esforços físicos. O seu tempo, como frequentemente ocorre, não pesaria em suas mãos, porque, com proveito e satisfação, se dedicariam a pesquisar as Escrituras e a comparar e meditar sobre as diversas verdades que encontrariam ali.

B) Esta seria uma maneira *nobre* de investir o seu tempo. — O Espírito Santo dá aos bereanos este epíteto, porque eles se entregavam diligentemente a essa atividade: "Ora, estes de Bereia eram mais *nobres* que os de Tessalônica; pois receberam a palavra com toda a avidez, examinando as Escrituras todos os dias para ver se as coisas eram, de fato, assim" (Atos 17:11). Muito semelhante a isso é a atividade no Céu. Os habitantes daquele mundo passam boa parte de seu tempo sondando as grandes coisas da divindade e tentando adquirir conhecimento nelas, como nos é dito acerca dos anjos em 1 Pedro: "…coisas essas que anjos anelam perscrutar" (1:12). Isso será muito condizente com o que você espera que seja a sua atividade para toda a eternidade, porque, sem dúvida, você espera ter a mesma atividade que os anjos de luz. Salomão diz em Provérbios: "a glória dos reis é [esquadrinhar as coisas]" (25:2); e certamente, acima de tudo mais, esquadrinhar assuntos divinos. Ora, se essa é a glória até mesmo de reis, não é muito mais a sua glória?

C) Essa é uma maneira agradável de cultivar o tempo. O conhecimento é agradável e prazeroso para as criaturas inteligentes e, acima de tudo, o conhecimento das coisas divinas, visto que nelas estão as mais excelentes verdades e os propósitos mais belos e agradáveis que se podem ver. Por mais tedioso que possa ser o esforço que necessariamente acompanha essa atividade, ainda assim, o conhecimento, uma vez obtido, recompensará ricamente os esforços empreendidos para obtê-lo. "Porquanto a sabedoria entrará no teu coração, e o conhecimento será agradável à tua alma" (Provérbios 2:10).

D) Esse conhecimento é extremamente *útil* na prática cristã, assim como ter muito conhecimento em divindade apresenta grandes meios e vantagens para o conhecimento espiritual e salvador, porque nenhum meio da graça tem efeito salvador senão pelo conhecimento por ele transmitido. Quanto mais você tiver o conhecimento racional das coisas divinas, mais oportunidades haverá, quando o Espírito for soprado em seu coração, de ver a excelência dessas coisas e provar sua doçura. Os pagãos, que não têm conhecimento racional das coisas do evangelho, não têm oportunidade de ver sua excelência; portanto, quanto mais conhecimento racional dessas coisas você tiver, mais oportunidade e vantagem você terá de ver sua divina excelência e glória.

Novamente: Quanto mais conhecimento vocês tiverem das coisas divinas, melhor conhecerão o seu dever; o seu conhecimento será muito útil para orientá-los quanto ao seu dever em casos específicos. Vocês estarão também mais bem equipados contra as tentações do diabo, porque, frequentemente, o diabo se aproveita da ignorância das pessoas para assediá-las com tentações que, de outra maneira, não as afetariam. Por terem muito conhecimento, vocês terão maiores vantagens para se conduzirem com prudência e discrição em sua caminhada cristã e, assim, viver muito mais para a honra de Deus e da religião. Por falta de prudência, muitas pessoas bem-intencionadas e dotadas de um bom espírito se comportam de modo que fere a religião. Muitas têm zelo por Deus, o que produz mais mal do que bem, pois não é segundo o conhecimento (Romanos 10:2). O motivo pelo qual muitos homens bons não se comportam melhor em muitos casos não é tanto lhes faltar graça, e sim lhes faltar conhecimento. Além disso, um aumento do conhecimento seria uma grande ajuda para uma conversa proveitosa. Ele lhes forneceria assunto para conversa quando vocês se reunissem ou quando visitassem seus próximos e, assim, vocês ficariam menos tentados a desperdiçarem tempo com conversas a respeito dos problemas de vocês e dos outros.

E) Considerem a vantagem que vocês usufruem por crescerem no conhecimento da divindade. Nós usufruímos de muito mais vantagens para obter boa parte desse conhecimento agora do que o povo de Deus do Antigo Testamento, tanto porque o cânone das Escrituras se tornou muito maior desde então, como também porque as verdades evangélicas são, nesse tempo, muito mais claramente reveladas. Desse modo, os homens comuns têm agora, em alguns aspectos, vantagem para conhecer mais do que tiveram os maiores profetas. Assim, este dizer de Cristo é, de certo modo, aplicável a nós: "Bem-aventurados os olhos que veem as coisas que vós vedes. Pois eu vos afirmo que muitos profetas e reis quiseram ver o que vedes e não viram; e ouvir o que ouvis e não o ouviram" (Lucas 10:23,24). Em alguns aspectos, nós temos vantagens muito maiores para obter conhecimento agora, nestas últimas eras da Igreja, do que os cristãos tiveram anteriormente; especialmente devido à arte da impressão, da qual Deus nos deu o benefício pelo qual Bíblias e outros livros acerca da divindade são grandemente multiplicados e, agora, as pessoas podem dispor de auxílios para obter conhecimento cristão a uma velocidade muito mais rápida e barata do que eles anteriormente seriam capazes.

F) Não sabemos que oposição poderemos encontrar nos princípios religiosos que sustentamos. Sabemos que há muitos adversários do evangelho e de suas verdades. Portanto, se abraçamos essas verdades, devemos esperar ser atacados por esses adversários; e, se não estivermos bem informados acerca das coisas divinas, como seremos capazes de nos defender? Além disso, o apóstolo Paulo nos ordena estarmos sempre prontos a responder a todo homem que nos perguntar o motivo da esperança que há em nós. Porém, não poderemos fazer isso sem ter considerável conhecimento das coisas divinas.

6. Orientações para a aquisição de conhecimento cristão

A) SEJAM assíduos na leitura das Sagradas Escrituras. Essa é a fonte da qual deve proceder todo o conhecimento acerca da divindade.

Portanto, não deixem esse tesouro ser negligenciado por vocês. Todo homem de entendimento comum que possa ler, poderá, se quiser, tornar-se bem familiarizado com as Escrituras. E que excelente conquista isso seria!

B) Não se contentem com uma leitura apenas superficial, sem atentar para o sentido. Essa é uma maneira ruim de ler, à qual, porém, muitos se acostumam a fazer diariamente. Quando vocês lerem, observem o que leram. Observem como as coisas se encaixam. Notem o rumo da mensagem e comparem uma passagem à outra, porque, pela harmonia de suas diferentes partes, as Escrituras lançam grande luz sobre si mesma. Cristo nos ordena expressamente a *examinar* as Escrituras, o que, evidentemente, tem a intenção de algo mais do que uma mera leitura superficial. E usem meios para descobrir o significado das Escrituras. Quando ela for explicada na pregação da Palavra, observem-na; se, em algum momento, uma passagem que vocês não entenderam for esclarecida de maneira satisfatória, marquem-na, guardem-na e, se possível, lembrem-se dela.

C) Pesquisem e usem diligentemente outros livros que possam ajudá-los a crescer nesse conhecimento. Há muitos livros excelentes que poderão fazê-los crescer muito nesse conhecimento e ainda lhes proporcionar um entretenimento muito proveitoso e agradável em suas horas de lazer. Sem dúvida, muitas pessoas têm um grande defeito: por relutarem em fazer um pequeno gasto, não se proporcionam maior ajuda dessa natureza. Elas têm, de fato, alguns livros que leem de vez em quando, aos domingos; mas elas os possuem há tanto tempo e os leram com tanta frequência, que estão cansadas deles e, agora, essa leitura se tornou uma história maçante, lê-los se tornou mera tarefa.

D) Aprimorem a conversação com outras pessoas com essa finalidade. As pessoas poderiam promover maior conhecimento mútuo em coisas divinas se melhorassem a conversação; se os homens ignorantes não se envergonhassem de mostrar a sua ignorância e estivessem dispostos a aprender com os outros; se quem tem conhecimento o comunicasse, sem orgulho e ostentação e se todos estivessem mais dispostos a tais conversações para sua mútua edificação e instrução.

E) Não procurem crescer em conhecimento principalmente em busca de aplausos e de lhes permitir debater com os outros, mas procurem fazê-lo pelo benefício de sua alma a fim de colocá-lo em prática. Se vocês estiverem em busca de aplauso, não terão tanta probabilidade de serem levados ao conhecimento da verdade; pelo contrário, poderão justamente, como ocorre frequentemente com quem tem orgulho de seu conhecimento, ser levados a erro para sua própria perdição. Sendo esse o seu propósito, se você obtiver muito conhecimento racional, este não teria probabilidade de lhes ser benéfico, e sim os encheria de soberba. "O saber ensoberbece" (1 Coríntios 8:1).

F) O apóstolo Tiago nos orienta a buscar em Deus a direção e a bênção nessa procura por conhecimento. "Se, porém, algum de vós necessita de sabedoria, peça-a a Deus, que a todos dá liberalmente e nada lhes impropera" (1:5). Deus é a fonte de todo o conhecimento divino: "o Senhor dá a sabedoria, e da sua boca vem a inteligência e o entendimento" (Provérbios 2:6). Esforcem-se por ter consciência de sua própria cegueira e ignorância e de sua necessidade da ajuda de Deus, para não serem levados ao erro em vez de ao verdadeiro conhecimento: "Se alguém dentre vós se tem por sábio [...], faça-se estulto para se tornar sábio" (1 Coríntios 3:18).

G) Pratiquem em conformidade com o conhecimento que vocês têm. Esse será o caminho para saber mais. O salmista recomenda calorosamente essa maneira de buscar conhecimento na verdade divina, a partir de sua própria experiência: "Sou mais prudente que os idosos, porque guardo os teus preceitos" (Salmo 119:100). Cristo também recomenda o mesmo: "Se alguém quiser fazer a vontade dele, conhecerá a respeito da doutrina, se ela é de Deus ou se eu falo por mim mesmo" (João 7:17).

PENSAMENTOS ERRANTES

Por JOHN WESLEY
Texto da edição de 1872

*...levando cativo todo pensamento
à obediência de Cristo.*
—2 Coríntios 10:5

Mas Deus levará "cativo todo pensamento à obediência de Cristo" para que nenhum pensamento errante encontre lugar na mente, mesmo enquanto permanecemos no corpo? Assim alguns sustentaram veementemente; sim, alguns afirmaram que ninguém é perfeito em amor se não estiver aperfeiçoado no entendimento de que todos os pensamentos errantes foram eliminados; a menos que toda emoção e todo temperamento sejam santos, justos e bons e também que todo pensamento individual que surja na mente seja sábio e regular.

Essa questão não é de pouca importância, pois quantos dos que temem a Deus, sim, e o amam, talvez de todo o coração, ficaram muito angustiados por causa disso! Quantos, por não entenderem direito, não apenas se angustiaram, mas ficaram com a alma gravemente ferida — lançados em raciocínios não proveitosos, e sim maliciosos que diminuíram seu movimento em direção a Deus e os enfraqueceram ao correr a carreira que lhes estava proposta! Mais do que isso, muitos, por meio da má compreensão disso, rejeitaram o precioso dom de Deus. Eles foram induzidos, primeiramente, a duvidar e, depois, a negar a obra que Deus havia realizado em sua alma; e, com isso, entristeceram o Espírito de Deus até que Ele se retirou e os deixou em treva total!

Então, como se explica o fato de, em meio à abundância de livros publicados ultimamente acerca de quase todos os assuntos, nenhum versar sobre pensamentos errantes (pelo menos, nenhum que satisfaça a mente calma e séria)? Para fazer isso, em algum grau, proponho-me a perguntar:

1. Quais são os vários tipos de pensamentos errantes?
2. Quais são as suas causas gerais?
3. Quais deles são pecaminosos e quais não são?
4. De quais deles podemos esperar e orar para sermos libertos?

1. Proponho-me a perguntar, primeiramente: Quais são os vários tipos de pensamentos errantes? Os tipos específicos são inumeráveis, mas, em geral, eles são de dois tipos: pensamentos que se desviam de Deus e pensamentos que se desviam do ponto específico que temos em mãos.

A) No tocante aos primeiros, todos os nossos pensamentos são naturalmente desse tipo, porque desviam-se continuamente de Deus: nada pensamos a Seu respeito; Deus não está em todos os nossos pensamentos. Todos e cada um de nós somos como o apóstolo observa: "sem Deus no mundo". Pensamos no que amamos, mas não amamos a Deus; portanto, não pensamos nele. Ou, se, de quando em quando, somos compelidos a pensar nele durante algum tempo, não temos prazer nisso; pelo contrário, como esses pensamentos são não apenas insípidos, mas desagradáveis e penosos, nós os expulsamos o mais rapidamente possível e retornamos ao que amamos pensar. Dessa maneira, o mundo e as coisas do mundo — o que comeremos, o que beberemos, o que vestiremos, o que veremos, o que ouviremos, o que ganharemos, como agradaremos aos nossos sentidos ou à nossa imaginação — ocupam todo o nosso tempo e monopolizam todo o nosso pensamento. Durante todo o tempo, portanto, em que amamos o mundo, isto é, enquanto estamos em nosso estado natural, todos os nossos pensamentos, da manhã à noite e da noite à manhã, não passam de pensamentos desviantes.

B) Porém, muitas vezes estamos não somente "sem Deus no mundo", mas também lutando contra Ele, uma vez que, por natureza, existe em todo homem uma "mente carnal que é hostil a Deus". Não admira, portanto, que os homens tenham uma abundância de pensamentos incrédulos, seja dizendo em seu coração "Não há Deus" ou questionando, se não negando, Seu poder ou sabedoria, Sua misericórdia, justiça ou santidade. Não admira que frequentemente duvidem de Sua providência — no mínimo, de que ela se estenda a todos os eventos; ou que, mesmo que a admitam, ainda se entretêm murmurando ou resmungando pensamentos. Quase relacionadas a esses, e frequentemente ligadas a eles, estão as imaginações soberbas e vãs. Repito: Às vezes, somos tomados por pensamentos irados, maldosos ou vingativos; outras vezes, por cenas imaginárias de prazer, sejam dos sentidos ou da imaginação, por meio dos quais a mente terrena e sensual se torna ainda mais terrena e sensual. Ora, por todos esses meios, esses pensamentos travam uma indiscutível guerra com Deus: esses são o tipo mais forte de pensamentos desviantes.

C) Amplamente diferente desses é o outro tipo de pensamentos errantes, no qual o coração não se desvia de Deus, mas o entendimento vagueia a partir do ponto específico que antes tinha em vista.

Por exemplo: eu me sento para considerar as palavras do versículo que precede o texto "as armas da nossa milícia não são carnais, e sim poderosas em Deus" (2 Coríntios 10:4). Eu penso: "Isso só pode ser o que acontece com todos os que são chamados cristãos. Por outro lado, quão diferente! Procure em quase todas as partes daquele que é denominado mundo cristão. Que tipo de armas eles estão usando? Em que tipo de guerra eles estão envolvidos,

> *Enquanto homens, como inimigos, despedaçam uns aos outros*
> *Em toda a fúria infernal da guerra?*

Veja como esses cristãos amam uns aos outros! Em que são eles preferíveis a turcos e pagãos? Que abominação pode ser encontrada entre maometanos ou ateus que não seja encontrada também entre cristãos?". E, assim, antes que eu perceba, minha mente se transita de uma circunstância para outra. Ora, todos esses são, em certo sentido, pensamentos errantes, porque, embora não se desviem de Deus, muito menos lutem contra Ele, ainda assim se perdem do ponto específico que eu tinha em vista.

2. Tal é a natureza, tais são os tipos (para falar de maneira útil, em vez de filosófica) de pensamentos errantes. Porém, quais são suas causas gerais? Consideraremos isso em segundo lugar.

A) É fácil observar que a causa do primeiro tipo de pensamento, que se opõe ou se desvia de Deus, é, em geral, um temperamento pecaminoso. Por exemplo: Por que Deus não está em todos os pensamentos, em qualquer um dos pensamentos de um homem natural? Por uma razão simples: seja rico ou pobre, instruído ou iletrado, ele é ateu (embora não seja tão vulgarmente assim chamado); ele ou não conhece a Deus, ou não o ama. Por que seus pensamentos estão continuamente vagando pelo mundo? Porque ele é idólatra. Ele, de fato, não cultua uma imagem ou se curva ao tronco de uma árvore; contudo, está afundado em idolatria igualmente condenável: ama, isso significa adora, o mundo. Ele busca a felicidade nas coisas que são vistas, nos prazeres que perecem ao ser usados. Por que seus pensamentos estão perpetuamente se desviando da finalidade de seu ser, o conhecimento de Deus em Cristo? Porque ele é incrédulo; porque ele não tem fé; ou, pelo menos, não mais do que um diabo. Então, todos esses pensamentos errantes brotam fácil e naturalmente dessa raiz maligna de incredulidade.

B) O mesmo ocorre em outros casos: soberba, ira, vingança, vaidade, concupiscência, cobiça, todas elas ocasionando pensamentos adequados à sua própria natureza. E assim o faz toda disposição pecaminosa da qual a mente humana é capaz. Os pormenores são quase impossíveis de enumerar. E isso nem é necessário: basta observar que tantos quantos sejam os temperamentos perversos que possam encontrar um lugar em qualquer alma, de tantas maneiras a alma se afastará de Deus, pelos piores tipos de pensamentos errantes.

C) As causas deste último tipo de pensamentos errantes são extremamente diversas. Milhares deles são ocasionados pela união natural entre a alma e o corpo. Quão imediata e profundamente o entendimento é afetado por um corpo doente! Basta o sangue fluir irregularmente no cérebro e todo o pensamento habitual termina. Segue-se uma loucura furiosa e, depois, adeus a toda a uniformidade de pensamento. Sim, basta os ânimos serem inquietados ou agitados em certo grau e uma loucura temporária, um delírio, impede todo pensamento estabelecido. E a mesma irregularidade de pensamento não é, em alguma medida, ocasionada por todo distúrbio nervoso? Assim, o "corpo corruptível pressiona a alma e faz com que ela pense em muitas coisas".

D) Porém, isso só é causado em tempos de enfermidade ou distúrbio sobrenatural? Não; pouco mais ou pouco menos, em todos os momentos, mesmo em estado de saúde perfeita. Por mais saudável que um homem seja, ele será mais ou menos delirante a cada 24 horas. Afinal, ele não dorme? E, enquanto dorme, não está sujeito a sonhar? E quem é, então, senhor de seus próprios pensamentos ou capaz de preservar a ordem e consistência deles? Quem pode, então, mantê-los fixos em qualquer ponto ou impedir que vagueiem entre um extremo e outro?

E) Porém, suponha que estejamos acordados; estamos sempre tão acordados a ponto de poder governar firmemente nossos pensamentos? Não estamos inevitavelmente expostos a extremos opostos, devido à própria natureza dessa máquina que é o corpo? Às vezes, somos muito lentos, demasiadamente enfadonhos e lânguidos, para seguir qualquer cadeia de pensamentos. Às vezes, por outro lado, estamos muito ativos. Sem permissão, a imaginação começa a ir de um lado para outro e nos leva para lá e para cá, quer desejemos ou não; e tudo isso ocorre pelo movimento meramente natural dos ânimos ou pela vibração dos nervos.

F) Além disso, quantas vagueações de pensamento podem surgir das diversas associações de nossas ideias, feitas inteiramente sem o nosso conhecimento e independentemente de nossa escolha? Como essas conexões são formadas, não sabemos dizer, mas elas são formadas de mil maneiras diferentes. Tampouco está no poder do mais sábio ou mais santo dos homens romper essas associações ou impedir as suas necessárias consequências, objetos de observação diária. Basta o fogo tocar apenas uma das extremidades do trem e ele passa imediatamente de um vagão para o outro.

G) Repetindo: Fixemos, tão diligentemente quanto formos capazes, nossa atenção em qualquer assunto e, surgindo prazer ou dor, especialmente se intenso, este exigirá nossa atenção imediata e nosso pensamento se fixará nele. Ele interromperá a contemplação mais estável e desviará a mente de seu assunto favorito.

H) Essas causas de pensamentos errantes estão dentro de nós, estão entrelaçadas à nossa exata natureza. Porém, de semelhante modo, surgem natural e necessariamente dos diversos impulsos provenientes de objetos externos. O que quer que atinja o órgão do sentido, o olho ou a orelha, despertará na mente uma percepção. E, consequentemente, tudo que vemos ou ouvimos interromperá nossa linha anterior de pensamento. Todo homem, portanto, que faz algo à nossa vista ou fala qualquer coisa que ouvimos, faz com que nossa mente vagueie, em maior ou menor grau, saindo do ponto em que estava pensando antes.

I) E não há dúvida de que os espíritos malignos, que estão continuamente buscando a quem possam devorar, fazem uso de todas as causas anteriormente mencionadas para inquietar e distrair a nossa mente. Às vezes, por um desses meios, outras vezes por outro, eles nos atormentarão e nos deixarão perplexos; e, tanto quanto Deus permitir, interromperão nossos pensamentos, particularmente quando estes estiverem envolvidos nos melhores assuntos. Nem isso é totalmente estranho: eles entenderão as próprias fontes do pensamento e saberão de quais órgãos do corpo dependem mais imediatamente a imaginação, o entendimento e todas as outras faculdades da mente. E, portanto, eles sabem como, afetando esses órgãos, afetar as ações que dependem deles. Acrescente a isso que eles são capazes de injetar mil pensamentos sem qualquer dos meios anteriores, sendo tão natural o espírito agir sobre o espírito quanto é a matéria agir sobre a matéria. Considerando tudo isso, não podemos nos admirar de o nosso pensamento se desviar, com tanta frequência, de qualquer ponto que tenhamos em vista.

3. A terceira coisa a ser investigada é quais tipos de pensamentos errantes são pecaminosos e quais não são. E, primeiramente, todos os pensamentos que se desviam de Deus, que não deixam espaço para Ele em nossa mente, são, indubitavelmente, pecaminosos, porque todos eles implicam ateísmo prático e, por meio deles, estamos sem Deus no mundo. E muito mais são todos aqueles contrários a Deus, que implicam oposição ou inimizade para com Ele. Assim são todos pensamentos murmurantes, descontentes, que dizem, de fato: "Não aceitaremos o Teu governo sobre nós" — todos os pensamentos incrédulos, seja no tocante a Seu ser, Seus atributos ou Sua providência. Quero dizer, Sua providência específica sobre todas as coisas, assim como todas as pessoas, do Universo; aquela sem a qual "nenhum pardal cai em terra", pela qual "os cabelos todos da cabeça estão contados"; porque uma providência geral (assim chamada vulgarmente), distinta de uma específica, não passa de uma palavra decente e agradável que significa simplesmente nada.

A) Novamente: Todos os pensamentos que brotam de índoles pecaminosas são, indubitavelmente, pecaminosos. Assim são, por exemplo, aqueles que brotam de uma índole vingativa, por soberba, luxúria ou vaidade. "Não pode [...] a árvore má produzir frutos bons". Portanto, se a árvore é má, assim também serão, obrigatoriamente, os frutos.

B) E assim precisam ser aqueles que produzem ou alimentam qualquer índole pecaminosa; índoles que dão origem à soberba ou vaidade, à ira ou ao amor pelo mundo, ou confirmam e nutrem essas ou qualquer outra índole, paixão ou afeição profana. Afinal, não só tudo que flui do mal é mau, mas também aquilo que leve ao mal; o que quer que tenda a alienar a alma de Deus e a torná-la ou mantê-la terrena, sensual e diabólica.

C) Assim, até mesmo os pensamentos ocasionados por fraqueza ou doença, pelo mecanismo natural do corpo ou pelas leis da união vital, por mais inocentes que possam ser em si mesmos, tornam-se pecaminosos quando produzem ou acalentam e alimentam em nós qualquer índole pecaminosa; suponha a concupiscência da carne, a concupiscência dos olhos ou a soberba da vida. De semelhante modo, se os pensamentos errantes ocasionados por palavras ou atos de outros homens causam ou alimentam qualquer disposição errada, já começam pecaminosos. E o mesmo podemos observar quanto aos que são sugeridos ou injetados pelo diabo. Quando ministram a qualquer índole terrena ou diabólica (o que fazem sempre que lhes damos lugar e, com isso, os tornamos nossos), eles são igualmente pecaminosos com as índoles às quais ministram.

D) Porém, abstraindo-nos desses casos, os pensamentos errantes, no último sentido da palavra, isto é, pensamentos em que nossa compreensão se desvia do ponto que tem em vista, não são mais pecaminosos do que o movimento do sangue nas nossas veias ou as motivações presentes em nosso cérebro. Se eles surgem de uma constituição instável, ou de alguma fraqueza ou distúrbio acidental, são tão inocentes quanto ter uma constituição fraca ou um corpo enfermo. E, certamente, ninguém duvida, mas um nervosismo, uma febre de qualquer tipo e um delírio passageiro ou duradouro podem consistir com a perfeita inocência. E, se surgirem em uma alma unida a um corpo saudável, seja em decorrência da união natural entre o corpo e a alma, ou de qualquer uma de dez mil transformações que podem ocorrer nos órgãos do corpo que ministram ao pensamento, em qualquer desses casos eles são tão perfeitamente inocentes quanto as causas das quais se originam. E assim são eles quando decorrem das associações casuais e involuntárias de nossas ideias.

E) Se nossos pensamentos se desviam do ponto que tínhamos em vista em decorrência de diversas influências de outros sobre os nossos sentidos, são ainda igualmente inocentes, porque não é mais pecaminoso entender o que eu vejo e ouço e, em muitos casos, sou incapaz de não ver, ouvir e compreender, do que ter olhos e orelhas. "Mas, se o diabo injeta pensamentos errantes, esses pensamentos não são malignos?" Eles são problemáticos e, nesse sentido, malignos; porém, não pecaminosos. Eu não sei se ele falou ao nosso Senhor com voz audível; talvez ele tenha falado ao Seu coração somente quando disse: "Tudo isto te darei se, prostrado, me adorares". Porém, quer ele tenha falado interior ou exteriormente, certamente o nosso Senhor entendeu o que ele disse. Ele teve, portanto, um pensamento correspondente àquelas palavras. Porém, foi um pensamento pecaminoso? Nós sabemos que não. Nele não havia pecado, nem em atos, nem em palavras, nem em pensamentos. Também não há qualquer pecado em mil pensamentos do mesmo tipo que Satanás possa injetar em qualquer um dos seguidores do nosso Senhor.

F) Segue-se que nenhum desses pensamentos errantes (o que quer que seja que pessoas imprudentes tenham afirmado, afligindo a quem o Senhor não havia afligido) é inconsistente com o perfeito amor. De fato, se fosse, não apenas uma dor aguda, mas o próprio sono, seria inconsistente com ele. — Dor aguda, porque, sempre que sobrevier, seja o que for que estivéssemos pensando antes, essa dor interromperá o nosso pensamento e, é claro, levará os nossos pensamentos para outro canal. — Sim, e o próprio sono, por ser um estado de insensibilidade e estupidez, que, como tal, geralmente está misturado com pensamentos que vagam pela Terra, soltos, selvagens e incoerentes.

Contudo, certamente são consistentes com o perfeito amor. Assim, portanto, são todos os pensamentos errantes desse tipo.

4. Do que foi observado, é fácil dar uma resposta clara à última pergunta — Que tipo de pensamentos errantes podemos esperar e orar para sermos libertos?

A) Do primeiro tipo de pensamentos errantes — aqueles em que o coração se desvia de Deus, de tudo que é contrário à Sua vontade, ou que nos deixam sem Deus no mundo—, todas as pessoas aperfeiçoadas no amor são inquestionavelmente libertas. Essa libertação, portanto, podemos esperar; podemos e devemos orar por ela. Pensamentos errantes desse tipo implicam incredulidade, se não inimizade contra Deus, mas a ambos Ele destruirá, levará a um completo fim. E, de fato, nós seremos absolutamente libertos de todos os pensamentos errantes pecaminosos. Todas as pessoas aperfeiçoadas no amor são libertas deles; caso contrário, não foram salvas do pecado. Homens e demônios tentarão essas pessoas de todas as maneiras, mas não poderão prevalecer contra elas.

B) No tocante a este último tipo de pensamento errante, o caso é amplamente diferente. Enquanto a causa não for removida, não poderemos esperar que o efeito cesse. Porém, suas origens permanecerão enquanto permanecermos no corpo. Portanto, temos todos os motivos para acreditar que os efeitos também continuarão durante muito tempo.

C) Para ser mais específico: Suponha que uma alma, por mais santa que seja, habite em um corpo disfuncional; suponha que o cérebro esteja tão fortemente desordenado que resulte em loucura furiosa; todos os pensamentos não serão selvagens e desconectados enquanto esse distúrbio continuar? Suponha que uma febre cause aquela loucura temporária que denominamos delírio; pode haver algum pensamento conexo até o delírio ser removido? Sim, suponha que aquilo que denominamos distúrbio nervoso aumente a ponto de causar, no mínimo, uma loucura parcial; não haverá mil pensamentos errantes? E esses pensamentos irregulares não continuarão, obrigatoriamente, enquanto persistir o distúrbio que os causa?

D) Não ocorrerá o mesmo em relação aos pensamentos que necessariamente se seguem a uma dor violenta? Em maior ou menor grau, eles continuarão enquanto a dor continuar, pela ordem inviolável da natureza. De semelhante modo, essa ordem se imporá quando os pensamentos forem perturbados, anulados ou interrompidos por qualquer falha de apreensão, julgamento ou imaginação, fluindo da constituição natural do corpo. E quantas interrupções podem surgir da associação inexplicável e involuntária de nossas ideias! Ora, todas elas são, direta ou indiretamente, causadas pelo corpo corruptível pressionando a mente. Também não podemos, portanto, esperar que elas sejam removidas até "quando este corpo corruptível se revestir de incorruptibilidade" (1 Coríntios 15:54).

E) E somente então, quando nos deitarmos no pó, seremos libertos dos pensamentos errantes ocasionados pelo que vemos e ouvimos, dentre aqueles pelos quais estamos agora cercados. Para evitá-los, precisamos sair do mundo, porque, enquanto permanecermos nele, enquanto houver homens e mulheres ao nosso redor e tivermos olhos para ver e ouvidos para ouvir, as coisas que vemos e ouvimos diariamente certamente afetarão a nossa mente e, em maior ou menor grau, entrarão e interromperão os nossos pensamentos anteriores.

F) E, durante todo o tempo em que vagarem de um lado para outro em um mundo miserável e disfuncional, espíritos malignos atacarão (quer possam prevalecer ou não) todo habitante de carne e sangue. Eles incomodarão até mesmo aqueles a quem não podem destruir: eles atacarão, ainda que não possam vencer. E desses ataques de nossos irrequietos e incansáveis inimigos nós não devemos buscar livramento enquanto não estivermos alojados onde "os maus cessam de perturbar [e] repousam os cansados" (Jó 3:17).

G) Resumindo o todo: Esperar libertação dos pensamentos errantes causados por espíritos malignos é esperar que o diabo morra ou adormeça, ou, pelo menos, não mais se comporte como um leão que ruge. Esperar libertação daqueles pensamentos causados por outros homens é esperar que os homens deixem de existir na Terra ou que sejamos absolutamente isolados deles e não tenhamos relacionamento com eles; ou que, tendo olhos, não vejamos e, tendo ouvidos, não ouçamos, e sim sejamos tão insensíveis quanto toras de madeira ou pedras. E orar por libertação daqueles pensamentos ocasionados pelo corpo é, de fato, orar para que possamos deixar o corpo. Caso contrário, é orar por impossibilidades e absurdos; orar para que Deus reconcilie contradições, pela continuação de nossa união com um corpo corruptível sem as necessárias consequências naturais dessa união. É como se devêssemos orar para ser anjos e homens, mortais e imortais, ao mesmo tempo. Não! — mas, quando o imortal é chegado, a mortalidade é eliminada.

H) Em vez disso, oremos, tanto com o espírito quanto com o entendimento, para que todas essas coisas possam cooperar conjuntamente para o nosso bem; para que possamos sofrer todas as enfermidades de nossa natureza, todas as interrupções dos homens, todos os ataques e sugestões de espíritos malignos e, em tudo, sermos "mais que vencedores". Oremos para sermos libertos de todo pecado; que tanto a raiz como o galho sejam destruídos; que sejamos "[purificados] de toda impureza, tanto da carne como do espírito" (2 Coríntios 7:1), de toda disposição, palavra e obra malignas; que "[amemos] o Senhor, [nosso]

Deus, de todo o [nosso] coração, de toda a [nossa] alma, de todo o [nosso] entendimento e de toda a [nossa] força" (Marcos 12:30); para que todo o fruto do Espírito seja encontrado em nós — não apenas amor, alegria e paz, mas também "longanimidade, benignidade, bondade, fidelidade, mansidão e domínio próprio" (Gálatas 5:22,23). Ore para que todas essas coisas floresçam e sejam abundantes, aumentem em sua vida cada vez mais, até lhe ser ministrada a entrada abundante no reino eterno do nosso Senhor Jesus Cristo!

ANDAR COM DEUS

Por GEORGE WHITEFIELD

*Andou Enoque com Deus e já não era,
porque Deus o tomou para si.*
—Gênesis 5:24

Diversos são os apelos e argumentos que, frequentemente, os homens de mente corrupta apresentam contra obedecer aos justos e santos mandamentos de Deus. Porém, talvez uma das objeções mais comuns que eles fazem seja que os mandamentos do nosso Senhor não são praticáveis, por serem contrários à carne e ao sangue e, consequentemente, Ele é severo, colhendo onde não semeou e ajuntando onde não espalhou (Mateus 25:24). Esses foram os sentimentos do servo mau e negligente mencionado no capítulo 25 do evangelho de Mateus e são, sem dúvida, os mesmos que ocorrem à presente geração perversa e adúltera. Prevendo isso, o Espírito Santo tomou o cuidado de inspirar homens santos do passado a registrar os exemplos de muitos homens e mulheres santos que, mesmo sob a dispensação do Antigo Testamento, foram habilmente capacitados a tomar o jugo de Cristo sobre si e contaram Seu serviço como perfeita liberdade.

A grande lista de santos, confessores e mártires, elencada no capítulo 11 da epístola aos Hebreus, evidencia de maneira abundante a verdade dessa observação. Que grande nuvem de testemunhas nos é ali apresentada, não? Todos são eminentes por sua fé, mas alguns têm maior brilho do que outros. O protomártir Abel aparece em primeiro lugar. A seguir é mencionado Enoque, não apenas por ser o próximo em ordem cronológica, mas também devido à sua grande piedade. No texto, ele é mencionado de maneira muito extraordinária. Temos aqui um relato curto, porém muito completo e glorioso, tanto do seu comportamento neste mundo quanto da maneira triunfante de sua entrada no além. O primeiro está contido nestas palavras: "Andou Enoque com Deus"; o último, nestas: "e já não era, porque Deus o tomou para si". Ele não era, isto é, não foi encontrado, não foi tomado da maneira comum, não viu a morte, porque Deus o havia trasladado (Hebreus 11:5). Não fica muito claro quem era esse Enoque. A mim parece que ele teria sido uma pessoa pública; suponho que, como Noé, um pregador da justiça. E, se podemos acreditar no apóstolo Judas, um pregador flamejante, porque Judas cita uma das profecias de Enoque, na qual ele diz: "Eis que veio o Senhor entre suas santas miríades, para exercer juízo contra todos e para fazer convictos todos os ímpios, acerca de todas as obras ímpias que impiamente praticaram e acerca de todas as palavras insolentes que ímpios pecadores proferiram contra ele". Porém, quer fosse uma pessoa pública ou privada, ele recebe um nobre testemunho nos vívidos oráculos. O autor da epístola aos Hebreus diz que, antes de ser trasladado, ele obteve testemunho de "haver agradado a Deus", e ser trasladado foi uma prova indubitável disso. E eu observaria que houve em Deus uma maravilhosa sabedoria em trasladar Enoque e Elias sob a dispensação do Antigo Testamento, para que depois, quando se afirmasse que o Senhor Jesus foi levado ao Céu, isso não parecesse algo absolutamente inacreditável aos judeus, uma vez que eles mesmos confessaram que dois de seus próprios profetas foram trasladados várias centenas de anos antes. Porém, não pretendo detê-los mais tempo alongando-me ou fazendo observações acerca do breve, mas abrangente personagem Enoque, pois tenho em vista discorrer, conforme o Senhor me capacitar, acerca de um assunto muito importante, que é. "Andou Enoque com Deus." Se apenas isso puder ser verdadeiramente dito de você e de mim após a nossa morte, não teremos motivo algum para reclamar que vivemos em vão.

Para tratar do meu tema pretendido,

Primeiro, me esforçarei para mostrar o que implicam as palavras *andou com Deus*.

Segundo, prescreverei alguns meios por cuja devida observância as pessoas que creem podem seguir e manter seu *andar com Deus*. E,

em terceiro, apresentarei alguns motivos para nos encorajar, caso nunca tenhamos andado com Deus antes, a andar com Deus agora. Isso tudo será encerrado com uma ou duas palavras de aplicação.

1. *Primeiramente*, abordarei o que está implícito nas palavras "andou com Deus"; ou, em outras palavras, o que devemos entender por *andar com Deus*.

A) *Andar com Deus* implica que o poder predominante da inimizade do coração de uma pessoa é retirado pelo bendito Espírito de Deus. Talvez possa parecer uma afirmação severa para alguns, mas a nossa própria experiência comprova diariamente o que as Escrituras afirmam em muitos lugares: que a mente carnal, a mente do homem natural não convertido, ou melhor, a mente do próprio regenerado, enquanto qualquer parte dele permanece não renovada, é inimizade — não apenas um inimigo, mas inimizade em si — contra Deus, de modo que não se sujeita à Sua lei, nem deveras poderia fazê-lo. De fato, podemos questionar que qualquer criatura, especialmente a adorável criatura que é o homem, feita à própria imagem do seu Criador, pudesse ter alguma inimizade, menos ainda uma inimizade prevalente, contra o próprio Deus em quem ela vive, se move e tem sua existência. Porém, infelizmente é assim. Nossos antepassados a contraíram quando foram destituídos da glória de Deus ao comerem do fruto proibido, e seu amargo e maligno contágio sobreveio e se disseminou por toda a sua posteridade. Essa inimizade se revelou no esforço de Adão para esconder-se entre as árvores do jardim. Ao ouvir a voz do Senhor Deus, em vez de correr com o coração aberto, dizendo "Aqui estou", infelizmente ele não quis comunhão com Deus; e, mais ainda, revelou sua inimizade recém-contraída, desculpando-se com o Altíssimo: "A mulher (ou esta mulher) que me deste por esposa, ela me deu da árvore, e eu comi". Assim dizendo, na prática, ele coloca toda a culpa em Deus, como se dissesse: "Se tu não me tivesses dado esta mulher, eu não haveria pecado contra ti; assim, podes agradecer a ti mesmo pela minha transgressão". Essa inimizade funciona da mesma maneira no coração dos filhos de Adão. Eles encontram continuamente algo contra Deus e lhe perguntam: "Que fazes?". Em seu excelente tratado sobre o pecado que vive dentro de nós, o sábio Dr. Owen diz: "Ele zomba de um oponente não menor do que o próprio Deus". Seu comando é semelhante ao dos assírios em relação a Acabe — atirar flechas somente no rei — e ataca tudo que tem aparência de verdadeira piedade, como os assírios atiraram flechas em Josafá vestido com seus trajes reais. Porém, a oposição cessa ao descobrir que é apenas uma aparência, como quando os assírios pararam de atirar em Josafá ao perceberem que não era em Acabe que estavam atirando. Essa inimizade se revelou no amaldiçoado Caim; ele odiou e matou seu irmão Abel porque este amava ao seu Deus e era favorecido por Ele de maneira peculiar. E essa mesma inimizade governa e prevalece em todo homem naturalmente descendente de Adão. Daí a aversão à oração e aos santos deveres encontrados em crianças e, muito frequentemente, em adultos ainda não abençoados com uma educação religiosa. E todo aquele pecado e perversidade expostos, que inundaram o mundo como um dilúvio, não passam de muitos rios que fluem dessa terrível fonte contagiosa — estou falando de uma inimizade do coração do homem desesperadamente perverso e enganoso. Aquele que não consegue estancar isso nada sabe ainda, de maneira salvadora, acerca das Sagradas Escrituras ou do poder de Deus. E todos os que sabem disso reconhecerão prontamente que, antes de uma pessoa poder ser considerada como alguém que anda com Deus, o poder predominante dessa inimizade de coração precisa ser removido, porque pessoas que nutrem mútua inimizade e ódio irreconciliáveis não costumam andar e ficar juntas. Atentem quando eu digo que o poder predominante dessa inimizade precisa ser removido, porque sua presença nunca será totalmente removida até curvarmos a cabeça e rendermos o espírito. Sem dúvida, o apóstolo Paulo fala de si mesmo, não quando era fariseu, mas verdadeiro cristão, ao declarar: "ao querer fazer o bem, encontro a lei de que o mal reside em mim"; não no sentido de ter domínio sobre ele, mas opondo-se e resistindo às suas boas intenções e ações, de modo que ele não conseguia fazer as coisas que gostaria, com a perfeição que o novo homem desejava. Isso é o que ele chama de pecado habitando nele. "E isso é o *phronhma sarko* (usando as palavras do nono artigo de nossa igreja): alguns expõem a sabedoria; alguns, sensualidade; alguns, a simulação; alguns, o desejo — todos esses, da carne, que permanece, sim, nos regenerados". Porém, seu poder predominante é destruído em toda alma verdadeiramente nascida de Deus e gradualmente mais e mais enfraquecida à medida que o crente cresce em graça e o Espírito de Deus conquista uma influência cada vez maior sobre o coração.

B) *Andar com Deus* não implica somente que o poder predominante da inimizade do coração de um homem seja removido, mas também que uma pessoa é realmente reconciliada com Deus Pai nas, e por meio das, justiça e expiação totalmente suficientes de Seu amado Filho. "Andarão dois juntos (diz Salomão [na verdade, Amós 3:3]), se não houver entre eles acordo?" Jesus é a nossa paz, bem como o nosso Pacificador. Quando somos justificados pela fé em Cristo, mas não antes disso, temos paz com Deus; consequentemente, até então, ninguém pode dizer que anda com Ele, porque andar com uma pessoa é um sinal e símbolo de que somos amigos daquela pessoa ou, no mínimo, embora tenhamos discordado, agora estamos reconciliados e nos tornamos amigos novamente. Essa é a grande missão a que os ministros do evangelho são enviados. A nós é entregue o ministério da reconciliação; como embaixadores de Deus, devemos, em nome de Cristo, suplicar aos pecadores que se reconciliem com Deus e, quando eles aceitarem o gracioso convite e forem realmente levados por fé à condição de reconciliados com Deus, somente então se poderá dizer que eles começaram a andar com Deus.

C) Além disso, *andar com Deus* implica permanente comunhão e amizade estabelecidas com Ele, que nas Escrituras é referido como o "Espírito Santo habitando em nós". Foi isso o que o nosso Senhor prometeu quando disse a Seus discípulos que o Espírito Santo estaria neles e com eles; não como o viajante, permanecendo apenas uma noite, e sim residindo e fazendo Sua morada no coração deles. Sou inclinado a acreditar que foi isso o que o apóstolo João desejou que entendêssemos quando falou de uma pessoa permanecer nele, em Cristo, e "também andar assim como ele andou". E esse é o significado específico das palavras do nosso texto. "Andou Enoque com Deus", isto é, ele manteve e preservou a comunhão e amizade santa, estabelecida, habitual, embora indubitavelmente não totalmente ininterrupta, com Deus, em e por meio de Cristo Jesus.

Portanto, resumindo o que foi dito até aqui sobre o primeiro tópico geral, *andar com Deus* consiste especialmente na inclinação habitual fixa do desejo por Deus, em uma dependência habitual de Seu poder e Sua promessa, em uma dedicação voluntária habitual de todo o nosso ser para a Sua glória, em um exame habitual do Seu preceito em tudo que fazemos e em uma habitual complacência no Seu prazer em tudo que sofremos.

D) *Andar com Deus* implica fazermos progresso ou crescer na vida divina. A primeira ideia da palavra *andar* parece supor um movimento progressivo. Ainda que se mova lentamente, uma pessoa que anda avança e não continua em um só lugar. Assim ocorre com quem anda com Deus: avança, como diz o salmista, "de força em força"; ou, na linguagem do apóstolo Paulo, "de glória em glória [...] como pelo Senhor, o Espírito". De fato, em certo sentido, a vida divina não admite aumento, nem diminuição. Quando uma alma é nascida de Deus, para todos os efeitos e propósitos é filha de Deus; embora possa viver até a idade de Matusalém, ainda assim seria, afinal de contas, apenas filha de Deus. Porém, em outro sentido, a vida divina admite diminuições e aumentos. É por isso que vemos o povo de Deus ser acusado de apostasias e perder o seu primeiro amor. E é também por isso que ouvimos falar de crianças, jovens e pais em Cristo. Por conta disso, o apóstolo exorta Timóteo: "o teu progresso a todos seja manifesto". E o que aqui é requerido de Timóteo em particular é ordenado pelo apóstolo Pedro a todos os cristãos em geral. Ele diz: "crescei na graça e no conhecimento de nosso Senhor e Salvador Jesus Cristo", pois a nova criatura aumenta em estatura espiritual e, embora uma pessoa possa ser apenas uma nova criatura, ainda assim há algumas mais conformadas à imagem divina do que outras e, após a morte, serão admitidas a um maior grau de bem-aventurança. Por falta de observarem essa distinção, até mesmo algumas almas graciosas, cujo coração é melhor do que a mente (bem como homens de mente corrupta, réprobos acerca da fé), incorreram inconscientemente em princípios totalmente antinomianos, negando todo crescimento da graça em um crente ou a presença de qualquer marca da graça nas Escrituras da verdade. Que o Senhor de todos os senhores nos livre de tais princípios e, mais especialmente, de práticas naturalmente decorrentes desses princípios!

Pelo que então foi dito, agora podemos saber o que está implícito nas palavras "andou com Deus": a inimizade prevalente do nosso coração é removida pelo poder do Espírito de Deus, nosso ser é realmente reconciliado e unido a Ele pela fé em Jesus Cristo; assim temos e mantemos uma comunhão e amizade estabelecida com Ele e fazemos progresso diário nessa amizade, de modo a sermos cada vez mais conformados à imagem divina.

2. Como isso é feito, ou, em outras palavras, por que meios os crentes seguem e mantêm seu andar com Deus, é considerado em nosso segundo tópico geral.

A) Quem crê segue e mantém sua caminhada com Deus pela leitura de Sua Sagrada Palavra. O nosso bendito Senhor diz: "Examinais as escrituras [...] que testificam de mim". E o salmista real nos diz que a Palavra de Deus era lâmpada para os seus pés e luz para os seus caminhos, e ele diz ser uma propriedade de um homem bom o seu prazer estar na lei do Senhor e nela meditar dia e noite. "Aplica-te à leitura", diz Paulo a Timóteo, e "Não cesses de falar deste Livro da Lei", diz Deus a Josué, porque tudo que foi escrito no passado foi escrito para nosso aprendizado. E a Palavra de Deus é útil para repreensão, para a correção, para a educação na justiça e plenamente suficiente para fazer com que todo verdadeiro filho de Deus esteja totalmente preparado para toda boa obra. Se alguma vez ficarmos acima da nossa Bíblia e deixarmos que a Palavra escrita de Deus não seja a nossa única regra de fé e de prática, logo estaremos abertos a todo tipo de engano e correremos grande perigo de fazer naufragar a fé e a boa consciência. Embora tivesse o ilimitado Espírito de Deus, o nosso bendito Senhor sempre foi governado e lutou com o diabo, por meio do que "Está escrito". A isso o apóstolo chama de "espada do Espírito". Podemos dizer dela o mesmo que Davi disse da espada de Golias: "não há outra semelhante". As Escrituras são chamadas de oráculos vivos de Deus, não somente por serem comumente usadas para gerar em nós uma nova vida, mas também para mantê-la e aumentá-la na alma. Em sua segunda epístola, o apóstolo Pedro a prefere até mesmo a ver Cristo transfigurado no monte, porque, após dizer: "Ora, esta voz, vinda do céu, nós a ouvimos quando estávamos com ele no monte santo" (1:18), acrescenta: "Temos, assim, tanto mais confirmada a palavra profética, e fazeis bem em atendê-la, como a uma candeia que brilha em lugar tenebroso, até que o dia clareie e a estrela da alva nasça em vosso coração" — isto é, até que nos livremos deste corpo e vejamos Jesus face a face. Até então, precisamos vê-lo e conversar com Ele através do filtro da Sua Palavra. Precisamos tornar os Seus testemunhos nossos conselheiros e, diariamente, com Maria, sentarmo-nos aos pés de Jesus, e ouvir com fé a Sua Palavra. Então, por feliz experiência descobriremos que as Escrituras são espírito e vida, de fato alimento e bebida para a nossa alma.

B) Quem crê segue e mantém sua caminhada com Deus pela oração secreta. O espírito da graça é sempre acompanhado pelo espírito de súplica. Ele é o sopro da nova criatura, o leque da vida divina, por meio do qual a centelha de fogo sagrado, acesa na alma por Deus, não é apenas mantida, mas também transformada em chama. A negligência à oração secreta tem sido, frequentemente, uma porta de entrada para muitas doenças espirituais e tem sido acompanhada por consequências fatais. Orígenes observou: "No dia em que ele ofereceu incenso a um ídolo, saiu de seu quarto sem fazer uso de oração secreta". Ela é uma das partes mais nobres da armadura espiritual de quem crê. O apóstolo disse: "...com toda oração e súplica, orando em todo tempo". O nosso Senhor advertiu: "Vigiai e orai, para que não entreis em tentação" e contou "uma parábola sobre o dever de orar sempre e nunca esmorecer". Isso não significa que o nosso Senhor nos queira sempre de joelhos ou em nosso quarto, negligenciando nossos outros deveres relativos; Ele deseja que a nossa alma seja mantida em atitude de oração, para que possamos dizer como, certa vez, um bom homem na Escócia, em seu leito de morte, disse ao seu amigo: "Se essas cortinas ou essas paredes pudessem falar, contariam a vocês sobre a doce comunhão que eu tive com o meu Deus aqui". Ó, oração! A oração aproxima Deus e o homem e os mantém juntos. Ela leva o homem até Deus e traz Deus até o homem. Se vocês, ó crentes, quiserem, sigam andando com Deus; orem, orem sem cessar. Estando em um lugar secreto, comecem a orar. E, quando estiverem lidando com as coisas comuns da vida, façam muitas orações exclamatórias e, de tempos em tempos, enviem pequenas cartas para o Céu nas asas da fé. Elas chegarão ao próprio coração de Deus e retornarão a vocês carregadas de bênçãos espirituais.

C) A meditação santa e frequente é outro meio bendito de manter o andar de um crente com Deus. Lutero diz: "A oração, a leitura, a tentação e a meditação criam um ministro". E isso também faz e aperfeiçoa um cristão. A meditação está para a alma como a digestão está para o corpo. O santo Davi descobriu ser assim, e, por isso, se entregava frequentemente à meditação, mesmo durante a noite. Nós lemos também sobre Isaque saindo para os campos para meditar à noitinha; ou, como está na margem, orar. Afinal, a meditação é uma espécie de oração silenciosa, pela qual a alma é frequentemente, por assim dizer, levada por si mesma a Deus e, até certo ponto, tornada semelhante aos espíritos benditos que, por uma espécie de intuição instantânea, sempre contemplam a face do nosso Pai celestial. Ninguém, exceto as almas felizes acostumadas a esse emprego divino, pode dizer que bendita promotora da vida divina é a meditação. "Enquanto eu meditava, ateou-se o fogo", disse Davi. E, enquanto está meditando acerca das obras e da Palavra de Deus, especialmente a obra das obras, a maravilha das maravilhas, o mistério da piedade, "aquele [Deus] que foi manifestado na carne", o Cordeiro de Deus morto pelos pecados do mundo, o crente frequentemente sente o fogo do amor divino se acender, de modo que é obrigado a expressar verbalmente a benevolência do Senhor à sua alma. Portanto, sejam frequentes na meditação todos vocês que desejam seguir e manter um andar próximo e mais uniforme com o Deus altíssimo.

D) Os crentes mantêm a sua caminhada com Deus, observando e notando Seus tratos providenciais com eles. Se cremos nas Escrituras, precisamos acreditar no que o nosso Senhor declarou aos discípulos: "Até os cabelos da vossa cabeça estão todos contados"; e nenhum pardal cai ao chão (seja para buscar alimento ou por ter sido caçado) sem o conhecimento do nosso Pai celestial. Toda cruz contém um chamado, e cada dispensação específica da providência divina tem alguma finalidade específica a atender naqueles a quem é enviada. Se é de natureza aflitiva, Deus diz: "Filhinhos, guardai-vos dos ídolos"; se é próspera, Ele dirá, por assim dizer, com voz suave: "Dá-me, filho meu, o teu coração". Portanto, se os crentes quiserem manter seu andar com Deus, precisarão, de tempos em tempos, ouvir o que o Senhor tem a dizer acerca deles na voz da Sua providência. Assim, descobrimos que, quando foi buscar uma esposa para seu senhor Isaque, o servo de Abraão olhou e observou a providência de Deus e, por esse meio, descobriu a pessoa designada para ser esposa de seu senhor. O piedoso bispo Hall diz: "Porque uma pequena sugestão da providência é suficiente para a fé se alimentar". E, creio eu, será uma parte de nossa felicidade no Céu visualizar e relembrar os diversos elos da cadeia de ouro que nos atraiu para lá; assim, os que mais desfrutam do Céu aqui embaixo serão, creio eu, os mais minuciosos em ressaltar os diversos tratos de Deus com eles no tocante às suas providenciais dispensações aqui na Terra.

E) Para andar mais próximo de Deus, Seus filhos não devem apenas observar os movimentos da Sua providência sem interferência deles, mas também os movimentos do Seu bendito Espírito em seus corações. "Pois todos os que são guiados pelo Espírito de Deus são filhos de Deus" e negam a si mesmos para serem guiados pelo Espírito Santo, como uma criancinha dá a mão para ser conduzida por uma babá ou um pai. Sem dúvida, é nesse sentido que devemos nos converter e nos tornar semelhantes a criancinhas. E, embora seja a quintessência do entusiasmo fingir ser guiado pelo Espírito sem a Palavra escrita, é dever de todo cristão ser guiado pelo Espírito em conjunção com a Palavra escrita de Deus. Portanto, eu imploro a vocês: observem, ó crentes, os movimentos do bendito Espírito de Deus em sua alma e experimentem sempre as sugestões ou impressões que possam sentir a qualquer momento, pela regra inerrante da santíssima Palavra de Deus; e, se aquelas não forem coincidentes com esta, rejeite-as como diabólicas e enganosas. Observando essa cautela, você seguirá um trajeto intermediário entre estes dois extremos perigosos com que muitos desta geração correm o risco de se deparar; quero dizer, o *entusiasmo*, por um lado, e o *deísmo* e a *infidelidade total*, por outro.

F) Quem quer manter um andar santo com Deus precisa andar com Ele em ordenanças tanto quanto em providências etc. Por isso está registrado que Zacarias e Isabel "[viviam] irrepreensivelmente em todos os preceitos e mandamentos do Senhor". E todos os cristãos corretamente informados considerarão as ordenanças, não como elementos desprezíveis, mas como muitos canais pelos quais o infinitamente condescendente Jeová transmite a Sua graça à alma deles. Eles as considerarão como alimento para crianças e como seus mais elevados privilégios. Consequentemente, se alegrarão ao ouvir os outros dizerem: "Vamos à casa do Senhor". Eles se deleitarão em visitar o lugar onde a honra de Deus habita e ficarão muito ansiosos por abraçar todas as oportunidades de demonstrar a morte do Senhor Jesus Cristo até que Ele venha.

G) Se você quiser andar com Deus, se associará e andará com quem anda com Ele. Diz o santo Davi: "são eles os notáveis nos quais tenho todo o meu prazer". Eles eram, à sua vista, os excelentes da Terra. E, sem dúvida, os cristãos primitivos mantinham seu vigor e primeiro amor seguindo em mútua comunhão. O apóstolo Paulo sabia muito bem disso e, por isso, exorta os cristãos a cuidarem de não deixar de se reunirem. Afinal, como alguém pode se aquecer sozinho? E o mais sábio dos homens não nos disse que "como o ferro com o ferro se afia, assim, o homem, ao seu amigo"? Se, portanto, atentarmos à história da Igreja ou observarmos com justiça os nossos tempos, creio que descobriremos que, quando o poder de Deus prevalece, as sociedades cristãs e as reuniões de comunhão prevalecem proporcionalmente. E, à medida que o primeiro decai, o outro decai e diminui imperceptivelmente ao mesmo tempo. Portanto, é necessário que as pessoas que andam com Deus e não desanimam da vida religiosa se reúnam sempre que tiverem oportunidade, de modo a se incentivarem mutuamente ao amor e às boas obras.

3. Passemos, agora, ao terceiro tópico geral proposto: oferecer alguns motivos para encorajar todos a andarem com Deus.

A) *Primeiro*, andar com Deus é algo muito honroso. Esse é, geralmente, um motivo predominante para incitar pessoas de todas as categorias a qualquer empreendimento importante. Ó, que isso possa ter o seu devido peso e influência junto a vocês no tocante ao assunto agora diante de nós! Suponho que todos vocês pensariam ser uma grande honra serem admitidos ao conselho privado de um príncipe terreno, de ele lhes confiar os seus segredos e de poderem ser ouvidos por ele em todos os momentos e em todas as épocas. Parece que Hamã pensou assim ao vangloriar-se, em Ester 5:11,12, de que, além de ser "exaltado sobre os príncipes e servos do rei [...], a própria rainha Ester a ninguém fez vir com o rei ao banquete que tinha preparado, senão a mim; e também para amanhã estou convidado por ela, juntamente com o rei". E depois, ao perguntarem a esse mesmo Hamã: "Que se fará ao homem a quem o rei deseja honrar?" (Ester 6:6), ele respondeu: "Tragam-se as vestes reais, que o rei costuma usar, e o cavalo em que o rei costuma andar montado, e tenha na cabeça a coroa real; entreguem-se as vestes e o cavalo às mãos dos mais nobres príncipes do rei, e vistam delas aquele a quem o rei deseja honrar; levem-no a cavalo pela praça da cidade e diante dele apregoem: Assim se faz ao homem a quem o rei deseja honrar" (vv.8,9). Então, parece que isso era tudo que o ambicioso Hamã poderia pedir, e a coisa mais valiosa que ele pensava que Assuero, o maior monarca da Terra, poderia conceder. Porém, o que é essa honra em comparação àquilo de que desfrutam os mais desprezíveis que andam com Deus? Senhores, vocês pensam ser algo pequeno ter com vocês o segredo do Senhor dos senhores e serem chamados amigos de Deus? Essa honra todos os santos de Deus têm. O segredo do Senhor está com aqueles que o temem. O bendito Jesus disse: "Já não vos chamo servos, porque o servo não sabe o que faz o seu senhor; mas tenho-vos chamado amigos". Independentemente do que você possa pensar, o santo Davi foi tão sensível à honra de andar com Deus que declarou: "...prefiro estar à porta da casa do meu Deus, a permanecer nas tendas da perversidade". Ó, se todos tivessem a mesma opinião dele!

B) Por ser honroso, é agradável andar com Deus. O mais sábio dos homens nos disse que "Os seus caminhos são caminhos deliciosos, e todas as suas veredas, paz". E me lembro do que, prestes a expirar, o piedoso sr. Henry disse a um amigo: "Você ouviu as palavras de muitos moribundos e estas são as minhas: uma vida empreendida em comunhão com Deus é a vida mais agradável do mundo". Tenho certeza de que posso confirmar que isso é verdade. De fato, estou sob a bandeira de Jesus há poucos anos, mas desfrutei de um prazer mais sólido em um momento de comunhão com o meu Deus do que teria, ou poderia ter, desfrutado nos caminhos do pecado, ainda que houvesse continuado neles durante milhares de anos. Não posso apelar a todos vocês para que temam e andem com Deus, por isso ser verdade? Um dia nos átrios do Senhor não foi, para vocês, melhor do que mil em qualquer outro lugar? Guardando os mandamentos de Deus, vocês não encontraram uma recompensa presente e muito grandiosa? A Palavra dele não foi, para vocês, mais doce do que o mel ou o favo de mel? Ó, o que sentiram vocês quando, semelhantemente a Jacó, lutaram com o seu Deus? Jesus não os encontrou frequentemente quando meditavam nos campos, e lhes foi dado a conhecer vez após outra no partir do pão? O Espírito Santo não tem, com frequência, derramado abundantemente o amor divino em seu coração e enchido vocês de uma alegria indizível, até alegria repleta de glória? Sei que vocês responderão a todas essas perguntas afirmativamente e reconhecerão livremente que o jugo de Cristo é suave e que o Seu fardo é leve — ou, usando as palavras de uma de nossas orações, "Seu serviço é perfeita liberdade". Precisamos, então, de algum outro motivo para nos empolgarmos por andar com Deus?

Porém, penso ouvir alguns de vocês dizerem: "Como pode ser assim?". Então, se andar com Deus, como vocês dizem, é algo tão honroso e agradável, por que então o nome do povo desse caminho é expulso como mau e em todo lugar se fala contra ele? Como vem a ser que eles são frequentemente afligidos, tentados, desamparados e atormentados? É essa a honra, é esse o prazer de que você fala? Eu respondo: "Sim". Pare um pouco; não seja precipitado. Não julgue segundo a aparência; seja justo em seu julgamento e tudo estará bem. É verdade, nós reconhecemos que o "povo desse caminho", como vocês — e Paulo antes de vocês, quando perseguidor — os chamaram, tem seu nome expulso como mau e é uma seita contra a qual se fala em todo lugar. Porém, por quem? Até mesmo pelos inimigos do Deus altíssimo. E vocês pensam ser uma desgraça serem mal falados por eles? Bendito seja Deus! Não foi assim que aprendemos de Cristo. O nosso Mestre real declarou: "Bem-aventurados sois quando, por minha causa, vos injuriarem, e vos perseguirem, e, mentindo, disserem todo mal contra vós". Ele lhes ordenou: "Regozijai-vos e exultai", porque esse é o privilégio do seu discipulado e sua recompensa será grande no Céu. Ele mesmo foi tratado assim. E pode maior honra ser atribuída a uma criatura do que ser conformado ao sempre bendito Filho de Deus? E, além disso, é igualmente verdade que as pessoas desse caminho são frequentemente afligidas, tentadas, desamparadas e atormentadas. E daí? Isso destrói o prazer de andar com Deus? Não, de maneira alguma, porque quem anda com Deus é capacitado, pelo fortalecimento vindo de Cristo, para se alegrar até mesmo na tribulação e exultar quando cair em diversas tentações. E eu creio que posso apelar à experiência de todos aqueles que andam em verdade e proximidade com Deus, se os seus momentos de sofrimento foram, ou não, frequentemente os seus momentos mais doces, e que mais desfrutaram de Deus quando mais expulsos e desprezados pelos homens. Vemos que isso ocorreu aos primeiros servos de Cristo, quando ameaçados pelo sinédrio judaico e ordenados a não mais pregar em nome de Jesus — eles se regozijaram por serem considerados dignos de sofrer vergonha por causa de Jesus. Paulo e Silas cantaram louvores até mesmo em uma masmorra; e a face de Estêvão, aquele glorioso protomártir da Igreja cristã, resplandeceu como a face de um anjo. E Jesus é, agora, o mesmo que era então e cuida de aplacar sofrimentos e aflições com o Seu amor, para que os Seus discípulos descubram, por feliz experiência, que, quando as aflições abundam, as consolações são superabundantes. E, portanto, essas objeções, em vez de destruir, apenas reforçam os motivos anteriormente argumentados para encorajá-lo a andar com Deus.

Porém, supondo que as objeções fossem justas e as pessoas que andam com Deus fossem tão desprezíveis e infelizes quanto você as descrevesse, eu tenho ainda um terceiro motivo a apresentar, que, se pesado na balança do santuário, pesará mais do que todas as objeções, a saber, que existe um paraíso no fim dessa caminhada. Porque, usando as palavras do piedoso bispo Beveridge: "Embora o caminho seja estreito, ainda assim não é longo; e, embora a porta seja estreita, ainda assim se abre para a vida eterna". Enoque descobriu que era assim. Ele andou com Deus na Terra, e Deus o levou a sentar-se com Ele para sempre no reino dos Céus. Não que devamos esperar ser levados como Enoque — não, eu suponho que todos nós teremos a morte comum de todos os homens. Porém, após a morte, o espírito de quem andou com Deus retornará a Ele, que o deu; e, na manhã da ressurreição, alma e corpo permanecerão para sempre com o Senhor; o corpo será conformado ao corpo glorioso de Cristo e a alma será cheia de toda a plenitude de Deus. Eles se sentarão em tronos e julgarão anjos. Eles serão capacitados a sustentar um enorme e eterno peso de glória, a mesma glória de que Jesus Cristo desfrutava com o Pai antes de o mundo existir. *"O gloriam quantam et qualem"*, disse o sábio e piedoso Arndt, pouco antes de pender a cabeça e entregar o espírito. O simples pensamento disso é suficiente para nos fazer "desejar pular os nossos 70 anos", como o bom Dr. Watts se expressa, e nos fazer irromper na linguagem sincera do salmista real: "A minha alma tem sede de Deus, do Deus vivo; quando irei e me verei perante a face de Deus?". Não me surpreende que uma percepção disso, quando sob uma irradiação e influxo de vida e amor divinos além do comum, faça algumas pessoas desmaiarem e que até mesmo, durante algum tempo, percam os sentidos. Uma visão menor do que essa, até mesmo a visão da glória de Salomão, fez a rainha de Sabá surpreender-se; e uma visão ainda menor do que essa, até mesmo a visão das carruagens de José, fez o santo Jacó desmaiar e durante algum tempo, por assim dizer, morrer. Daniel, quando perante uma visão distante dessa excelente glória, caiu aos pés do anjo como que morto. E, se uma visão distante dessa glória for tão excelente, qual deve ser sua real posse? Se os primeiros frutos são tão gloriosos, quão infinitamente deve a colheita exceder em glória?

E agora, o que devo, ou, de fato, o que mais posso dizer para empolgar vocês que ainda são estranhos a Cristo a virem andar com Deus? Se você ama honra, prazer e uma coroa de glória, venha e busque-a onde ela pode ser encontrada. Venha, coloque-se no Senhor Jesus. Apresse-se, e ande com Deus, e deixe de alimentar a carne, de satisfazer a sua concupiscência. Pare, pare, ó pecador! Voltem-se, voltem-se, ó homens não convertidos, porque o fim desse caminho em que vocês estão andando agora, por mais reto que possa parecer aos seus olhos cegos, será a morte, a destruição eterna do corpo e da alma. Não demore mais, eu digo; diante do seu perigo, eu lhe ordeno: não dê um passo adiante no seu andar atual, porque como sabe, ó homem, se o próximo passo que der não poderá ser para o inferno? A morte pode tomá-lo; o julgamento, encontrá-lo, e, então, o grande abismo se colocará permanentemente, para todo o sempre, entre você e a glória eterna. Ó, pensem nessas coisas, todos vocês que não estão dispostos a andar com Deus. Coloquem-nas no coração. Mostrem-se homens e, na força de Jesus, digam: "Adeus, concupiscência da carne, eu não andarei mais com você! Adeus, concupiscência dos olhos e soberba da vida! Adeus, relacionamentos carnais e inimigos da cruz, eu não mais andarei, nem terei intimidade com vocês! Bem-vindo, Jesus; bem-vinda a Tua palavra; bem-vindas as Tuas ordenanças; bem-vindo o Teu Espírito; bem-vindo o Teu povo; daqui em diante, eu andarei contigo". Ó, que possa haver em vocês essa mentalidade! Deus lhes dará o Seu todo-poderoso decreto e os selará com o grande selo do Céu, o anel de sinete do Seu Espírito Santo. Sim, Ele o fará, embora vocês tenham andado e seguido nos artifícios e desejos de seu coração desesperadamente mau desde que nasceram. Diz o grande Jeová: "Eu, o Altíssimo e Sublime, que habito a eternidade, habitarei com o coração humilde e contrito, com o homem que treme diante da minha palavra". O sangue, sim, o precioso sangue de Jesus Cristo o purificará de todo pecado se você vier ao Pai nele e por Ele.

Porém, o texto me leva a falar a vocês que são santos e também a vocês que são abertamente pecadores e não convertidos. Eu não preciso lhes dizer que andar com Deus não é apenas honroso, mas, sim, prazeroso e proveitoso também, porque vocês sabem disso por uma experiência feliz e assim a descobrirão mais e mais a cada dia. Apenas me permitam despertar a sua mente pura relembrando-a e, pelas misericórdias de Deus em Cristo Jesus, pedir-lhes que atentem para si mesmos e andem mais perto do seu Deus do que no passado, porque quanto mais perto de Deus vocês andarem, mais desfrutarão daquele cuja presença é vida e mais bem preparados estarão para serem colocados à Sua destra, onde estão os prazeres eternos. Ó, não sigam Jesus a distância! Ó, não sejam tão formais, tão mortos e tolos em seu cumprimento das sagradas ordenanças! Não abandonem mui vergonhosamente a comunhão, nem sejam tão mesquinhos ou indiferentes acerca das coisas de Deus. Lembrem-se do que Jesus diz da igreja de Laodiceia: "...porque és morno e nem és quente nem frio, estou a ponto de vomitar-te da minha boca". Pensem no amor de Jesus e permitam que esse amor os constranja a manter-se perto dele; e ainda, morram por ele, não o neguem, não se afastem dele de maneira alguma.

Terminarei após uma palavra aos meus irmãos de ministério aqui presentes. Vejam, meus irmãos, meu coração está transbordante. Eu quase poderia dizer que isso é demasiadamente grande para ser dito e, contudo, demasiadamente grande para permanecer em silêncio, sem lhes deixar uma palavra, porque o texto não fala especificamente aos que têm a honra de serem feitos embaixadores de Cristo e despenseiros dos mistérios de Deus. No início deste discurso, observei que, com toda a probabilidade, Enoque era uma pessoa pública e um pregador inflamado. Embora esteja morto, ele não continua a falar conosco para avivar o nosso zelo e nos tornar mais ativos no serviço de nosso glorioso e sempre bendito Senhor? Como Enoque pregava! Como Enoque andava com Deus, embora vivesse em uma geração perversa e adúltera! Que nós o sigamos como ele seguiu a Jesus Cristo e, dentro de pouco tempo, também estaremos onde ele está. Ele não entrou em seu descanso; contudo, mais um pouco e nós entraremos no nosso, e muito antes do que ocorreu a ele. Ele peregrinou aqui embaixo por 300 anos, mas, bendito seja Deus, os dias do homem estão agora abreviados e, dentro de poucos dias, a nossa caminhada terminará. O Juiz está diante da porta: Aquele que vem, virá e não tardará; a Sua recompensa está com Ele. E, dentro em pouco, todos nós (se formos zelosos pelo Senhor dos exércitos) brilharemos como as estrelas do firmamento, no reino do nosso Pai celestial, para todo o sempre. A Ele, ao bendito Jesus e ao Espírito eterno sejam toda honra e glória agora e por toda a eternidade! Amém e amém.

DEUS É GLORIFICADO NA DEPENDÊNCIA DO HOMEM

Por JONATHAN EDWARDS
Pregado em 8 de julho de 1731.

> *...a fim de que ninguém se vanglorie na presença de Deus. Mas vós sois dele, em Cristo Jesus, o qual se nos tornou, da parte de Deus, sabedoria, e justiça, e santificação, e redenção, para que, como está escrito: Aquele que se gloria, glorie-se no Senhor.*
> —1 Coríntios 1:29-31

Os cristãos a quem o apóstolo dirigiu essa epístola habitavam em uma parte do mundo na qual a sabedoria humana tinha grande reputação; como o apóstolo observa no versículo 22 desse capítulo, "os gregos buscam a sabedoria". Corinto não ficava longe de Atenas, que havia sido, durante muito tempo, a mais famosa sede de filosofia e aprendizagem no mundo. Por isso, o apóstolo lhes mostra como, pelo evangelho, Deus destruiu e reduziu a nada a sabedoria deles. A despeito de toda a sua sabedoria os gregos eruditos e seus grandes filósofos não conheciam a Deus, não conseguiam desvendar a verdade acerca de coisas divinas. Porém, após haverem feito o seu máximo sem resultado algum, agradou a Deus finalmente se revelar a eles pelo evangelho, o que consideravam uma tolice. Ele "escolheu as coisas loucas do mundo para envergonhar os sábios e escolheu as coisas fracas do mundo para envergonhar as fortes; e Deus escolheu as coisas humildes do mundo, e as desprezadas, e aquelas que não são, para reduzir a nada as que são" (1 Coríntios 1:27,28). E, no texto, o apóstolo lhes informa por que o Senhor fez assim: *a fim de que ninguém se vanglorie na presença de Deus* etc.— em cujas palavras se pode observar:

1. O que Deus objetiva com a disposição das coisas no caso da redenção, a saber, que o homem não se glorie em si mesmo, mas somente em Deus: *Que nenhuma carne se glorie em Sua presença, para que, conforme está escrito, Aquele que se gloria, glorie-se no Senhor* (1 Coríntios 29:30).

2. Como esse fim é alcançado na obra da redenção, a saber, pela dependência absoluta e imediata que os homens têm de Deus nessa obra, para todo o bem deles. Na medida em que:

Primeiro: Todo o bem que eles possuem é em Cristo e por meio de Cristo, o qual *se nos tornou [...] sabedoria, justiça, e santificação, e redenção* (1 Coríntios 1:30). Todo o bem da criatura caída e redimida está envolvido nessas quatro coisas e não pode ser mais bem distribuído do que nelas, mas Cristo é cada uma delas para nós, e nós não temos nenhuma delas senão nele. *Deus o tornou para nós sabedoria*: nele está toda a exata bondade e verdadeira excelência do entendimento. A sabedoria era algo que os gregos admiravam, mas Cristo é a verdadeira Luz do mundo; somente por meio dele a verdadeira sabedoria é transmitida à mente. É em Cristo e por Cristo que temos *justiça*: é por estarmos nele que somos justificados, que nossos pecados são perdoados e que somos recebidos como justos no favor de Deus. É por Cristo que temos *santificação*: temos nele verdadeira excelência de coração e também de compreensão; e Ele para nós se torna justiça inerente e imputada. É por Cristo que temos *redenção*, ou real libertação de toda a miséria, e a concessão de toda felicidade e glória. Assim, temos todo o nosso bem por Cristo, que é Deus.

Segundo: Outro exemplo em que a nossa dependência de Deus para todo o nosso bem aparece é no fato de ter sido Deus que nos deu Cristo, para que pudéssemos ter esses benefícios por meio dele; *Deus o tornou para nós sabedoria, justiça* etc.

Terceiro: Deus nos fez estar em Cristo Jesus, e passamos a ter interesse nele, e assim recebemos as bênçãos que Ele nos concedeu. É Deus quem nos concede a fé pela qual nos aproximamos de Cristo.

De modo que, nesse versículo, é mostrada a nossa dependência de cada pessoa da Trindade para todo o nosso bem. Nós somos dependentes de Cristo, o Filho de Deus, por Ele ser a nossa sabedoria, justiça, santificação e redenção. Somos dependentes do Pai, que nos deu Cristo e o tornou essas coisas para nós. Somos dependentes do Espírito Santo, pois *Ele nos fez estar em Cristo Jesus*; é o Espírito de Deus que concede fé nele, pela qual nós o recebemos e nos aproximamos dele.

DOUTRINA

"Por isso, Deus é glorificado na obra da redenção, pelo fato de nela haver a tão absoluta e universal dependência dele por parte dos redimidos." — Aqui, proponho mostrar, *primeiro*, que, nos redimidos, para total bem deles, existe uma absoluta e universal dependência de Deus. E, *segundo*, que nisso Deus é exaltado e glorificado na obra da redenção.

1. Os redimidos têm uma dependência absoluta e universal em Deus. A natureza e o plano da nossa redenção são tais que os

redimidos são, em tudo, direta, imediata e inteiramente dependentes de Deus: eles dependem dele para tudo e dependem dele de todas as maneiras.

As várias maneiras pelas quais um ser pode depender de outro para o seu bem, e especificamente os redimidos de Jesus Cristo dependem de Deus para todo o seu bem, são que todos recebem o bem dele, têm tudo por meio dele e têm tudo nele; que Ele é a causa e origem de onde provém todo o seu bem: isso é *dele*; que Ele é o *meio* pelo qual o bem é obtido e transmitido: eles o têm *por meio* dele; e que Ele é o próprio bem dado e transmitido: isso está *nele*. Ora, os redimidos por Jesus Cristo dependem muito, em todos esses aspectos, direta e inteiramente de Deus para tudo.

Em primeiro lugar: Os redimidos recebem todo o seu bem *de* Deus. Deus é o grande *autor* desse bem. Ele é a *primeira* causa do bem; e não apenas isso, mas Ele é a *única* causa adequada. É de Deus que temos o nosso Redentor. Foi Deus quem providenciou um Salvador para nós. Jesus Cristo não é somente de Deus em Sua pessoa, como também é o Filho unigênito de Deus, mas vem de Deus, por estarmos envolvidos nele e em Seu ofício de Mediador. Ele é a dádiva de Deus para nós: Deus o escolheu e o ungiu, designou-o para a Sua obra e o enviou ao mundo. E, como é Deus quem *concede*, é Deus quem *aceita* o Salvador. Ele fornece o comprador e paga pela coisa comprada.

É de Deus Cristo se tornar nosso, sermos levados a Ele e sermos unidos a Ele. É de Deus recebermos a fé para nos aproximarmos dele, para podermos nos interessar por Ele. "Porque pela graça sois salvos, mediante a fé; e isto não vem de vós; é dom de Deus" (Efésios 2:8). É favor de Deus realmente o fato de recebermos todos os benefícios que Cristo comprou. É Deus quem perdoa e justifica, libertando--nos de irmos para o inferno; e ao Seu favor os remidos são recebidos quando são justificados. Assim, é Deus quem nos liberta do domínio do pecado, purifica-nos da nossa imundícia e nos transforma a partir da nossa deformidade. É de Deus que os remidos recebem toda a sua verdadeira excelência, sabedoria e santidade, e isso de duas maneiras, a saber: porque o Espírito Santo — por quem essas coisas são feitas imediatamente — é de Deus, procede dele e é enviado por Ele; e também pelo fato de o próprio Espírito Santo ser Deus, por cuja ação e habitação do conhecimento de Deus e das coisas divinas, uma inclinação santa e toda a graça são conferidos e sustentados. E, embora sejam meios usados para conferir graça à alma dos homens, ainda assim é de Deus termos esses meios de graça e ser Ele quem os torna eficazes. É de Deus termos as Sagradas Escrituras; elas são a Sua palavra. É de Deus termos ordenanças e sua eficácia depender da influência imediata do Seu Espírito. Os ministros do evangelho são enviados por Deus e toda a sua suficiência provém dele: "Temos, porém, este tesouro em vasos de barro, para que a excelência do poder seja de Deus e não de nós" (2 Coríntios 4:7). O sucesso deles depende inteira e absolutamente da imediata bênção e influência de Deus.

A) Os remidos recebem tudo da *graça* de Deus. Foi por mera graça que Deus nos deu o Seu Filho unigênito. A graça é grandiosa na proporção da excelência do que é dado. O presente foi infinitamente precioso, porque veio de uma pessoa infinitamente digna, uma pessoa de glória infinita; e também porque veio de uma pessoa infinitamente próxima e querida por Deus. A graça é grandiosa na proporção do benefício que temos nos permitido em Deus. O benefício é duplamente infinito, porque em Deus recebemos livramento da miséria interminável, e ao mesmo tempo recebemos alegria e glória eternas. A graça em conceder essa dádiva é grandiosa na proporção da nossa indignidade, a quem é concedida; em vez de merecermos tal presente, merecíamos um mal infinito das mãos de Deus. A graça é grandiosa pela maneira que é concedida, ou proporcional à humilhação e à custa do método e dos meios pelos quais é possível recebermos a dádiva. Deus deu Jesus para habitar entre nós; Ele o deu a nós encarnado, ou em nossa natureza; e também semelhante, embora com fraquezas, sem pecado. Ele o deu a nós num estado humilde e afligido, e não somente assim, mas como morto, para que pudesse ser um banquete para a nossa alma.

A graça de Deus em conceder essa dádiva é a mais desprendida. Ela era o que Deus não tinha obrigação de conceder. Ele poderia ter rejeitado o homem caído, como fez com os anjos caídos. Ela era o que nós nunca fizemos coisa alguma para merecer; foi dada enquanto ainda éramos inimigos e antes de termos sequer nos arrependido. Ela veio do amor de Deus, que não viu em nós excelência para atraí-la; e foi sem expectativa de, algum dia, ser recompensado por Sua concessão. E é por mera graça que os benefícios de Cristo são aplicados a esta e àquelas pessoas específicas. Os que são chamados e santificados devem atribuir isso unicamente ao bel-prazer da bondade de Deus, pela qual são distinguidos. Ele é soberano e tem misericórdia de quem lhe apraz ter misericórdia.

Agora, o homem depende mais da graça de Deus do que antes da queda. Ele depende da bondade gratuita de Deus para muito mais do que dependia então. Naquele tempo, ele dependia da bondade de Deus para conferir a recompensa pela perfeita obediência, porque Deus não era obrigado a prometer e conceder aquela recompensa. Agora, porém, nós dependemos da graça de Deus para muito mais; nós precisamos dessa graça, não apenas para nos conceder glória, mas para nos livrar do inferno e da ira eterna. Sob a primeira aliança, dependíamos da bondade de Deus para nos dar a recompensa da justiça; agora, continuamos dependendo, mas precisamos que a graça livre e soberana de Deus nos dê essa justiça, perdoe o nosso pecado e nos liberte da culpa e do infinito demérito do pecado.

E, por sermos mais dependentes da bondade de Deus do que sob a primeira aliança, agora dependemos dessa bondade muito maior, mais livre e maravilhosa. Somos, agora, mais dependentes da vontade arbitrária e soberana de Deus. Em nosso primeiro estado, dependíamos de Deus para a santidade. Tínhamos recebido dele a nossa justiça original, mas a santidade não nos foi concedida de maneira tão soberana quanto agora. O homem foi criado santo, pois pareceu bem a Deus criar santas todas as suas criaturas razoáveis. Teria sido depreciativo à santidade da natureza divina fazer uma criatura inteligente e ímpia. Agora, porém, quando o homem caído é santificado, isso é feito por mera graça arbitrária. Se Deus assim quiser, Ele pode negar eternamente a santidade à criatura caída sem qualquer depreciação a qualquer das Suas perfeições.

E nós não somos apenas mais dependentes da graça de Deus, mas nossa dependência é muito mais evidente, porque nossa própria insuficiência e desamparo em nós mesmos estão explícitos em nosso estado decaído e desfeito do que era antes de sermos pecadores ou miseráveis. Somos mais aparentemente dependentes de Deus para a santidade, porque somos primeiro pecadores e totalmente poluídos e, depois, santos. Assim, a produção do efeito é perceptível e sua derivação de Deus é mais óbvia. Se o homem alguma vez foi santo, e sempre foi assim, não seria tão aparente porque ele não teria a santidade necessariamente como uma qualificação inseparável da natureza humana. Assim, somos mais aparentemente dependentes da livre graça para o favor de Deus, pois somos os primeiros objetos de Seu desagrado, e depois somos recebidos em favor. Somos mais aparentemente dependentes de Deus para a felicidade, sendo primeiro miseráveis e depois felizes. É mais aparentemente gratuito e sem mérito em nós, porque na verdade não temos qualquer tipo de excelência para merecer, se pudesse haver algo como mérito em excelência de criatura. E nós não somos apenas sem uma verdadeira excelência, mas estamos cheios e totalmente contaminados com aquilo que é infinitamente odioso. Todo o nosso bem é mais aparentemente de Deus, porque primeiro estamos nus e totalmente sem qualquer bem e, depois, enriquecidos com todo o bem.

B) Nós recebemos tudo do *poder* de Deus. Frequentemente, a redenção do homem é mencionada como uma obra de maravilhoso poder, bem como de graça. O grande poder de Deus aparece em levar um pecador de seu estado inferior, das profundezas do pecado e da miséria, para um estado tão exaltado de santidade e felicidade. Efésios 1:19 — "e qual a suprema grandeza do seu poder para com os que cremos, segundo a eficácia da força do seu poder".

Nós dependemos do poder de Deus ao longo de cada passo da nossa redenção. Dependemos do Seu poder para nos converter, e nos conceder a fé em Jesus Cristo e a nova natureza. Isso é uma obra da criação: "se alguém está em Cristo, é nova criatura" (2 Coríntios 5:17). "Somos [...] criados em Cristo Jesus" (Efésios 2:10). A criatura caída não pode alcançar a verdadeira santidade se não for recriada. Efésios 4:24 — "e vos revistais do novo homem, criado segundo Deus, em justiça e retidão procedentes da verdade". Isso é uma ressurreição dos mortos. Colossenses 2:12 — "...fostes ressuscitados mediante a fé no poder de Deus que o ressuscitou dentre os mortos". Sim, essa é uma obra de poder mais gloriosa do que a mera criação ou ressurreição de um corpo morto, na medida em que o efeito obtido é maior e mais excelente. O ser santo e feliz e a vida espiritual produzidos na obra da conversão são um efeito muito maior e mais glorioso do que ser um mero ser e existir. E o estado a partir do qual a transformação acontece — morte em pecado, total corrupção da natureza e profundidade de miséria — é muito mais distante do estado atingido do que a mera morte ou nulidade.

É também pelo poder de Deus que somos preservados em estado de graça. 1 Pedro 1:5 — "sois guardados pelo poder de Deus, mediante a fé, para a salvação". Por ser, em primeiro lugar, proveniente de Deus, a graça é continuamente vinda dele e mantida por Ele, assim como a luz presente na atmosfera provém do Sol durante o dia todo, tanto quanto no início da aurora ou nascer do Sol. Os homens dependem do poder de Deus para toda atuação da graça e para levar adiante essa obra no coração, para subjugar o pecado e a corrupção, para fazer crescer os princípios sagrados e para permitir a produção de frutos em boas obras. O homem depende do poder divino para levar a graça à perfeição, tornando a alma totalmente agradável à gloriosa semelhança de Cristo e preenchendo-a com alegria plena de contentamento e bem-aventurança; e para a ressurreição do corpo para a vida, e para um estado tão perfeito que seja adequado a uma habitação e órgão para uma alma tão aperfeiçoada e bendita. Esses são os efeitos mais gloriosos do poder de Deus vistos na série de Seus atos referentes às criaturas.

O homem dependia do poder de Deus em seu primeiro estado, mas depende mais do Seu poder agora; ele precisa do poder de Deus para fazer mais coisas por ele e depende de um exercício mais maravilhoso de Seu poder. Foi um efeito do poder de Deus tornar o homem santo no início; porém, mais notavelmente agora, por haver muita oposição e dificuldade no caminho. É um efeito mais glorioso do poder tornar santo aquele que era tão depravado e estava sob o domínio do pecado, do que conferir santidade àquele que, anteriormente, nada tinha de antagônico. É uma obra de poder mais gloriosa resgatar uma alma das mãos do diabo e dos poderes das trevas e levá-la a um estado de salvação do que conferir santidade onde não havia predisposição ou oposição. Lucas 11:21,22 — "Quando o valente, bem armado, guarda a sua própria casa, ficam em segurança todos os seus bens. Sobrevindo, porém, um mais valente do que ele, vence-o, tira-lhe a armadura em que confiava e lhe divide os despojos." Portanto, é uma obra de poder mais gloriosa sustentar uma alma em estado de graça e santidade e conduzi-la adiante até ser levada à glória, quando há tanto pecado habitando no coração resistente e Satanás com todo o seu poder se opondo, do que teria sido evitar que o homem caísse no início, quando Satanás não tinha parte no homem. Assim, demonstramos como os remidos dependem de Deus para todo o seu bem, por receberem tudo dele.

Em segundo lugar: Eles dependem de Deus também para tudo, por terem tudo *por meio* dele. Deus é o meio disso, bem como seu autor e fonte. Tudo que temos — sabedoria, perdão de pecados, libertação do inferno, aceitação ao favor de Deus, graça e santidade, verdadeiro conforto e felicidade, vida eterna e glória — vem de Deus por meio de um Mediador, e desse Mediador, que é Deus, dependemos de maneira absoluta, como Aquele por meio de quem recebemos tudo. De modo que essa é outra maneira pela qual dependemos de Deus para todo o bem. Deus não somente nos dá o Mediador, e aceita a Sua mediação, e, por Seu poder e graça, concede as coisas compradas pelo Mediador, mas o próprio Mediador é Deus.

As nossas bênçãos são o que temos por compra, e a compra é feita por Deus; as bênçãos são compradas por Ele, e Deus concede ao comprador; e não só isso, mas Ele é o comprador. Sim, Deus é tanto o comprador quanto a quantia, porque Cristo, que é Deus, comprou essas bênçãos para nós, oferecendo-se como o preço da nossa salvação. Ele comprou a vida eterna pelo sacrifício de si mesmo. Hebreus 7:27 — "a si mesmo se ofereceu". E também 9:26 — "[ele] se manifestou uma vez por todas, para aniquilar, pelo sacrifício de si mesmo, o pecado". De fato, a natureza humana foi oferecida, mas era a mesma pessoa com o divino e, portanto, foi um preço infinito.

Assim, por termos o nosso bem por meio de Deus, dependemos dele de uma maneira que o homem em seu primeiro estado não dependia. Naquele tempo, o homem deveria ter vida eterna por meio de sua própria justiça, de modo que dependia, em parte, do que estava em si mesmo, visto que dependemos daquilo por meio do que adquirimos o nosso bem, assim como aquilo de onde o obtemos; e, embora a justiça do homem, da qual ele então dependia, viesse de fato de Deus, ainda assim era sua, era inerente a si mesmo, de modo que ele não dependia tão *imediatamente* de Deus. Agora, porém, a justiça de que dependemos não está em nós mesmos, mas em Deus. Nós somos salvos pela justiça de Cristo: *nele somos feitos justiça*, sendo, por isso, profetizado em Jeremias 23:6 pelo nome "Senhor, justiça nossa". Em sermos justificados pela justiça é a justiça de Cristo, é a justiça de Deus. 2 Coríntios 5:21 — "para que, nele, fôssemos feitos justiça de Deus". Assim, na redenção, não somente recebemos todas as coisas de Deus, mas para Ele e por meio dele; 1 Coríntios 8:6 — "todavia, para nós há um só Deus, o Pai, de quem são todas as coisas e para quem existimos; e um só Senhor, Jesus Cristo, pelo qual são todas as coisas, e nós também, por ele".

Em terceiro lugar: Os remidos têm todo o seu bem *em Deus*. Nós não só o recebemos dele e por meio dele, mas isso consiste nele; Ele é todo o nosso bem. — O bem dos remidos é objetivo ou é inerente. Por seu bem objetivo quero dizer o objeto extrínseco, por cuja posse e desfrute eles são felizes. Seu bem inerente é a excelência ou o prazer que está na própria alma. No tocante aos dois, os remidos têm todo o seu bem em Deus ou, o que é a mesma coisa, o próprio Deus é todo o bem deles.

- Os remidos têm em Deus todo o seu bem *objetivo*. O próprio Deus é o grande bem que eles são levados a possuir e desfrutar em decorrência da redenção. Ele é o bem supremo e a soma de todo o bem comprado por Cristo. Deus é a herança dos santos; Ele é a porção de sua alma. Deus é sua riqueza e tesouro, seu alimento, sua Vida, sua morada, seu ornamento e diadema e sua eterna honra e glória. Eles nada têm no Céu além de Deus; Ele é o grande bem ao qual os redimidos são recebidos na morte e para o qual deverão ascender no fim do mundo. O Senhor Deus é a luz da Jerusalém celestial e o "rio da água da vida" que corre e "a árvore da vida que se encontra no paraíso de Deus". As gloriosas excelências e beleza de Deus serão o que sempre entreterá a mente dos santos, e o amor de Deus será sua festa eterna. Os remidos desfrutarão, com efeito, de outras coisas: eles se deleitarão com os anjos e uns com os outros, porém, o que eles apreciarão nos anjos, ou uns nos outros, ou em qualquer outra coisa que lhes resulte em prazer e felicidade, será o que será visto de Deus neles.

- Os remidos têm em Deus todo o seu bem *inerente*. O bem inerente é duplo: ou excelência ou prazer. Essas duas coisas os remidos não só recebem de Deus, como que causadas por Ele, mas as têm nele. Eles têm excelência e alegria espirituais por uma espécie de participação de Deus. Eles se tornam excelentes por uma transferência da excelência do Senhor. Deus coloca a Sua própria beleza, *isto é*, Sua bela semelhança, na alma deles. Eles são feitos participantes da natureza divina, ou imagem moral de Deus (2 Pedro 1:4). Eles são santos por se tornarem participantes da santidade de Deus (Hebreus 12:10). Os santos são belos e benditos por uma transferência da santidade e alegria de Deus, assim como a Lua e os planetas são iluminados pela luz do Sol. O santo tem alegria e prazer espirituais por uma espécie de efusão de Deus sobre a alma. Nessas coisas, os remidos têm comunhão com Deus, isto é, participam com ele e dele.

Os santos têm sua excelência espiritual e sua bem-aventurança pela dádiva do Espírito Santo e Sua morada neles. Elas não são apenas causadas pelo Espírito Santo, como também estão nele como Seu princípio. O Espírito Santo tornar-se um habitante é um princípio vital na alma. Agindo na alma, sobre ela e com ela, Ele se torna uma fonte de verdadeira santidade e alegria, como a fonte é para a água, pelo uso e propagação de si mesmo. Comparemos João 4:14 — "aquele, porém, que beber da água que eu lhe der nunca mais terá sede; pelo contrário, a água que eu lhe der será nele uma fonte a jorrar para a vida eterna" a João 7:38,39 — "Quem crer em mim, como diz a Escritura, do seu interior fluirão rios de água viva. Isto ele disse com respeito ao Espírito que haviam de receber os que nele cressem." A totalidade do que Cristo comprou para nós é a fonte de água referida na primeira passagem e os rios de água viva mencionados na segunda. E a totalidade das bênçãos que os remidos receberão no Céu é o rio de água da vida que procede do trono de Deus e do Cordeiro — Apocalipse 22:1 —, o que, sem dúvida, significa o mesmo com os rios de água viva explicados em João 7:38,39, noutra parte chamados "torrentes das delícias" de Deus. Nisso consiste a plenitude do bem, que os santos recebem de Cristo. É participando do Espírito Santo que eles têm comunhão com Cristo em sua plenitude. Deus concedeu ao Seu Filho o Espírito sem medida, e eles certamente recebem da Sua plenitude e graça sobre graça. Essa é a totalidade da herança dos santos; e, portanto, aquele pouco do Espírito Santo que os que creem têm neste mundo é chamado de o penhor da sua herança — 2 Coríntios 1:22 "que também nos selou e nos deu o penhor do Espírito em nosso coração" e 2 Coríntios 5:5 — "Ora, foi o próprio Deus quem nos preparou para isto, outorgando-nos o penhor do Espírito". Efésios 1:13,14 — "fostes selados com o Santo Espírito da promessa; o qual é o penhor da nossa herança, ao resgate da sua propriedade".

O Espírito Santo e as boas coisas são mencionados nas Escrituras como sendo o mesmo, como se o Espírito de Deus transmitisse à alma abrangendo todas as coisas boas. Mateus 7:11 — "quanto mais vosso Pai, que está nos céus, dará boas coisas aos que lhe pedirem?" Lucas 11:13 — "quanto mais o Pai celestial dará o Espírito Santo àqueles que lho pedirem?". Esse é o total das bênçãos que Cristo morreu para obter e o tema das promessas do evangelho. Gálatas 3:13,14 — "fazendo-se ele próprio maldição em nosso lugar [...] a fim de que recebêssemos, pela fé, o Espírito prometido". O Espírito de Deus é a grande promessa do Pai. Lucas 24:49 — "Eis que envio a promessa de meu Pai sobre vós". O Espírito de Deus é, portanto, chamado "Espírito da promessa" — Efésios 1:13. Cristo recebeu essa coisa prometida e lhe foi dada em Sua mão assim que Ele terminou a obra de nossa redenção, para conferir a todos os que Ele havia redimido. Atos 2:33 — "Exaltado, pois, à destra de Deus, tendo recebido do

Pai a promessa do Espírito Santo, derramou isto que vedes e ouvis". Desse modo toda a santidade e felicidade dos remidos está em Deus. Está nas transmissões, na habitação e na atuação do Espírito de Deus. Santidade e felicidade estão no fruto, aqui e no futuro, porque Deus habita neles, e eles em Deus.

Assim, Deus nos concedeu o Redentor e é por Ele que o nosso bem é comprado. Sendo assim, Deus é o Redentor e o preço; Ele é também o bem comprado. Dessa maneira, tudo o que temos pertence a Deus, é por meio dele e nele. Romanos 11:36 — "Porque dele, e por meio dele, e para ele são todas as coisas". O mesmo termo grego aqui traduzido como *para ele* é traduzido como *nele* — 1 Coríntios 8:6.

2. Deus é glorificado na obra de redenção por esse meio, a saber, pelos remidos dependerem dele de maneira tão grande e universal.

A) O homem tem a maior oportunidade e obrigação de perceber e reconhecer as perfeições e a total suficiência de Deus. Quanto mais a criatura depende das perfeições de Deus, e quanto mais se interessa por elas, maior é a oportunidade de percebê-las. Quanto mais alguém se interessa pela dependência do poder e da graça de Deus, tanto maior é a sua oportunidade de reconhecer esse poder e graça. Quanto maior e mais imediata é a dependência da santidade divina, tanto maior é a oportunidade de a perceber e reconhecê-la. Quanto maior e mais absoluta é a nossa dependência das perfeições divinas, como pertencentes às várias pessoas da Trindade, tanto maior é a nossa oportunidade de observar e possuir a glória divina de cada uma delas. Aquilo pelo que mais nos interessamos está, certamente, no caminho da nossa observação e percepção; e esse tipo de interesse por qualquer coisa, especificamente dependência, tende especialmente a merecer e requerer a atenção e observação. As coisas das quais não dependemos muito são facilmente negligenciáveis, mas mal podemos fazer outra coisa senão pensar naquilo de que dependemos grandemente. Devido à nossa tão grande dependência de Deus e de Suas perfeições, e em tantos aspectos, Ele e a Sua glória são os mais diretamente colocados em nossa visão, seja para onde for que voltemos o nosso olhar.

Temos a maior oportunidade de perceber a total suficiência de Deus quando toda a nossa suficiência é totalmente dele. Temos mais oportunidade de contemplá-lo como um bem infinito e a fonte de todo o bem. Tal dependência de Deus demonstra Sua total suficiência. Quanto mais a criatura depende de Deus, tanto mais aparece o vazio da criatura em si mesma; e quanto maior é o vazio da criatura, tanto maior precisa ser a plenitude do Ser que preenche esse vazio. Termos tudo *de* Deus demonstra a plenitude de Seu poder e graça; termos tudo *por meio* dele demonstra a plenitude de Seu mérito e dignidade; e termos tudo *nele* demonstra Sua plenitude de beleza, amor e felicidade. E os remidos, em razão da grandeza de sua dependência de Deus, têm não somente a maior oportunidade, mas também a obrigação de contemplar e reconhecer a glória e a plenitude de Deus. Quão irracionais e ingratos seríamos se não reconhecêssemos a suficiência e a glória da qual absoluta, imediata e universalmente dependemos!

B) Por esse meio é demonstrado quão grande a glória de Deus é comparativamente considerada, ou em comparação com a da criatura. Devido à criatura ser, assim, total e universalmente dependente de Deus, parece que a criatura é nada e que Deus é tudo. Por isso, parece que Deus está infinitamente acima de nós; que a força, a sabedoria e a santidade de Deus são infinitamente maiores do que as nossas. Por mais que a criatura compreenda o quão grandioso e glorioso Deus é, ainda assim, se ela não for sensível à diferença entre Deus e ela, a ponto de ver que a glória de Deus é maior em comparação a sua, ela não estará propensa a dar a glória a Deus devido ao Seu nome. Se, em qualquer aspecto, a criatura se nivela a Deus ou se exalta de modo a competir com Ele, mesmo que essa pessoa perceba que grande honra e profundo respeito devem pertencer a Deus, até mesmo vindo daqueles que estão mais distantes, ela não terá a percepção de saber que sua existência é devida a Ele. Quanto mais os homens se exaltam, certamente menos estarão dispostos a exaltar a Deus. Certamente o que Deus almeja na disposição das coisas concernentes à redenção (se permitirmos que as Escrituras sejam uma revelação da mente de Deus) é que Ele apareça pleno e o homem, em si mesmo, vazio para que Deus seja tudo e o homem, nada. É projeto declarado de Deus que outros não devam "gloriar-se na Sua presença", o que implica que é Seu projeto aumentar a Sua própria glória comparativa. Quanto mais o homem "se gloria na presença de Deus", tanto menos glória é atribuída a Ele.

C) Por ser ordenado que a criatura tenha uma dependência absoluta e universal de Deus, estabeleceu-se que Deus deve ter toda a nossa alma e ser o objeto do nosso respeito indiviso. Se dependêssemos parcialmente de Deus e parcialmente de outra coisa, o respeito do homem seria dividido entre as coisas diferentes das quais ele dependesse. Assim seria se dependêssemos de Deus apenas para uma parte do nosso bem e de nós mesmos, ou de algum outro ser, para a outra parte; ou se o nosso bem proviesse tão somente de Deus e de outro que não fosse Deus, e em algo mais que fosse distinto dos dois, nosso coração seria dividido entre o bem em si e aquele de quem, e aquele por meio de quem, nós o recebemos. Porém, agora não há oportunidade para isso, sendo Deus não somente aquele de quem recebemos todo o bem, mas também através de quem o recebemos, e é esse mesmo bem, que recebemos dele e por meio dele. De modo que, independentemente de tudo que haja para atrair o nosso respeito, a tendência ainda é diretamente direcionada a Deus; tudo se une nele como o centro.

APLICAÇÃO

1. Aqui podemos observar a maravilhosa sabedoria de Deus na obra da redenção. Deus transformou o vazio e a miséria do homem, seu estado fraco, perdido e arruinado, no qual este sucumbiu pela queda, em uma oportunidade para o maior crescimento de Sua própria glória, como de outras maneiras, muito particularmente nessa, em que agora o homem depende muito mais universal e aparentemente de Deus. Embora agrade a Deus tirar o homem daquele triste abismo de pecado e aflição em que estava caído e exaltá-lo sobremaneira em excelência e honra e a um alto grau de glória e bem-aventurança, ainda assim a criatura não tem absolutamente qualquer coisa de que se gloriar; evidentemente, toda a glória pertence a Deus; tudo depende mera e mais absoluta e divinamente do Pai, do Filho e do Espírito Santo. E cada pessoa da Trindade é igualmente glorificada nessa obra: a criatura depende absolutamente de todos eles para tudo; tudo do Pai, tudo por meio do Filho, tudo no Espírito Santo. Assim, Deus aparece na obra da redenção como tudo em todos. É adequado que aquele que é, e não há outro, seja o Alfa e o Ômega, o primeiro e o último, o todo e o único nessa obra.

2. Disso decorre que as doutrinas e os esquemas de divindade que são, em qualquer aspecto, opostos a tal dependência absoluta e universal de Deus diminuem a Sua glória e frustram o projeto da nossa redenção. E assim são os esquemas que colocam a criatura no lugar de Deus, em qualquer dos aspectos mencionados, que exaltam o homem em lugar do Pai, do Filho ou do Espírito Santo em qualquer coisa relacionada à nossa redenção. Entretanto, eles podem permitir que os redimidos dependam de Deus, mas negam uma dependência que seja tão absoluta e universal. Eles defendem uma total dependência de Deus para algumas coisas, mas não para outras; defendem que dependemos de Deus para a dádiva e a aceitação de um Redentor, mas negam uma dependência tão absoluta dele a ponto de haver um *interesse* no Redentor. Eles defendem uma dependência absoluta do Pai por entregar o Seu Filho, e do Filho por completar a redenção, mas não uma dependência tão completa do Espírito Santo para a *conversão*, e estar em Cristo, e assim ter direito aos Seus benefícios. Eles defendem uma dependência de Deus por meio da graça, mas não completamente pelo benefício e sucesso desses meios; uma dependência parcial do poder de Deus, para obter e exercer a santidade, mas não uma mera dependência da arbitrária e soberana graça de Deus. Eles defendem uma dependência da livre graça de Deus para uma recepção ao Seu favor, desde que sem qualquer mérito adequado, mas não sem sermos atraídos ou tocados por alguma excelência. Eles defendem uma dependência parcial de Cristo como Aquele por meio de quem temos vida, por Ele haver adquirido novos termos de vida, mas ainda sustentam que a justiça pela qual temos vida é inerente em nós mesmos, como era sob a primeira aliança. Ora, qualquer esquema inconsistente com a nossa *total* dependência de Deus para tudo, e de termos tudo dele, por meio dele e nele, é repugnante à concepção e ao teor do evangelh, e rouba dele o que Deus considera Seu esplendor e glória.

3. Disso podemos aprender uma razão pela qual a fé é aquilo pelo que passamos a ter interesse nessa redenção; pois isto se inclui na natureza da fé: um reconhecimento consciente da *dependência absoluta* de Deus no tocante a isso. É muito adequado que isso seja necessário para todos para que tenham o benefício dessa redenção, que sejam conscientes e reconheçam a sua dependência de Deus para ela. Foi por esse meio que Deus planejou glorificar a si mesmo na redenção; é pertinente que, no mínimo, Ele receba essa glória dos destinatários dessa redenção e que se beneficiam dela. A fé é uma percepção do que é real na obra da redenção, e a alma que crê deve depender inteiramente de Deus para toda a salvação, em seu próprio sentido e atuação. A fé rebaixa os homens e exalta a Deus; concede toda a glória da redenção somente a Ele. Para a fé salvadora, é necessário que o homem se esvazie de si mesmo e tenha consciência de que é "infeliz, miserável, pobre, cego e nu". A humildade é um grande ingrediente da verdadeira fé: quem verdadeiramente recebe a redenção a recebe como uma criança. Marcos 10:15 — "Quem não receber o reino dos céus como uma criança de maneira nenhuma entrará nele". É o deleite de uma alma que crê rebaixar-se e exaltar somente a Deus: essa é a linguagem dela. Salmos 115:1 — "Não a nós, Senhor, não a nós, mas ao teu nome dá glória".

4. Sejamos exortados a exaltar somente a Deus e a atribuir a Ele toda a glória da redenção. Esforcemo-nos para obter e aumentar a sensibilidade de nossa grande dependência de Deus, olhar somente para Ele, mortificar uma inclinação autoconfiante e hipócrita. Por natureza, o homem é excessivamente propenso a exaltar-se e a depender de seu próprio poder ou bondade, como se de si mesmo devesse esperar a felicidade. Ele é propenso a ter respeito por prazeres estranhos a Deus e ao Seu Espírito, como aqueles em que a felicidade é encontrada. Porém, essa doutrina deve nos ensinar a exaltar *somente* a Deus, tanto por crença e confiança quanto por louvor. *Aquele que se gloria, glorie-se no Senhor*. Alguém duvida de que esteja convertido e santificado e que sua mente é dotada de verdadeira excelência e beleza espiritual? Que seus pecados estão perdoados, e que recebeu o favor de Deus, e foi exaltado à honra e bem-aventurança de ser filho do Pai e herdeiro da vida eterna? Que ele conceda toda glória a Deus, o único que o faz diferir dos piores homens deste mundo ou dos mais miseráveis dos condenados ao inferno. Se alguém tem muito consolo e forte esperança na vida eterna, que a sua esperança não o exalte, e sim incline-o ainda mais a humilhar-se, refletir sobre a sua excessiva indignidade de tal favor e a exaltar somente a Deus. Se alguém é eminente em santidade e abundante em boas obras, não tome para si qualquer parte dessa glória, mas atribua-a Àquele de quem "somos feitura [...], criados em Cristo Jesus para boas obras".

Parte 3

SANTIDADE PRÁTICA

O USO DO DINHEIRO

Por JOHN WESLEY
Texto da edição de 1872.

E eu vos recomendo: das riquezas de origem iníqua fazei amigos; para que, quando aquelas vos faltarem, esses amigos vos recebam nos tabernáculos eternos.
—Lucas 16:9

1. Havendo terminado a bela parábola do *Filho Pródigo*, dirigida particularmente aos que murmuraram quando Ele recebeu publicanos e pecadores, o nosso Senhor acrescenta outro relacionamento de um tipo diferente, dirigido aos filhos de Deus. "Disse Jesus também aos discípulos" — não tanto aos escribas e fariseus a quem havia falado antes — "Havia um homem rico que tinha um administrador, e este lhe foi denunciado como quem estava a defraudar os seus bens. Então, mandando-o chamar, lhe disse: Que é isto que ouço a teu respeito? Presta contas da tua administração, porque já não podes mais continuar nela" (Lucas 16:1,2). Após expor o método usado pelo mau administrador contra o tempo de necessidade, o nosso Salvador acrescenta: "E elogiou o senhor o administrador

infiel" — no caso, o fato de ele haver se precavido a tempo — e inclui uma importante reflexão: "os filhos do mundo são mais hábeis na sua própria geração do que os filhos da luz" (Lucas 16:8). As pessoas que não buscam outra porção senão este mundo "são mais hábeis" (não de modo absoluto, porque são as mais verdadeiramente tolas, as mais completamente loucas debaixo do céu, mas "na sua própria geração", à sua própria maneira, são mais coerentes consigo mesmas, são mais fiéis aos seus princípios reconhecidos, perseguem mais firmemente seu objetivo) "do que os filhos da luz", do que quem vê a "iluminação do conhecimento da glória de Deus, na face de Cristo". Então seguem-se as palavras citadas anteriormente: "E eu" — o Filho unigênito de Deus, o Criador, Senhor e Possuidor do Céu e da Terra e de tudo que nela há; o Juiz de todos, a quem vocês deverão "prestar contas da sua administração" quando "não mais puderem ser administradores"; "E eu vos recomendo" — aprenda a respeito, até mesmo do administrador infiel — "fazei amigos", por sábia e oportuna precaução, "das riquezas de origem iníqua". "Mamon" significa riquezas ou dinheiro. Ele é chamado "o mamon da iniquidade" devido à maneira iníqua como é frequentemente buscado e como até mesmo o que foi honestamente buscado é, geralmente, empregado. "Faça amigos" disso fazendo todo o bem possível, particularmente aos filhos de Deus; "para que, quando você faltar" — quando você voltar ao pó, quando não tiver mais lugar debaixo do sol —, os que se foram antes "lhe recebam" e possam acolhê-lo, nas "moradas eternas".

2. Um excelente ramo da sabedoria cristã é aqui incutido pelo nosso Senhor em todos os Seus seguidores: a saber, o uso correto do dinheiro — um assunto amplamente falado por homens do mundo segundo os seus hábitos, mas não suficientemente considerado por aqueles que Deus escolheu para separar do mundo. Estes, geralmente, não consideram o uso desse excelente talento com a importância exigida pelo assunto. Também não compreendem como empregá-lo para obter maior vantagem e como a sua introdução no mundo é um exemplo admirável da sábia e graciosa providência de Deus. Na verdade, esse tem sido o hábito de poetas, oradores e filósofos de quase todas as épocas e nações. Criticam-no como o grande corruptor do mundo, a desgraça da virtude, a peste da sociedade humana. Por isso, nada é tão comumente ouvido quanto:

—*Nocens ferrum, ferroque nocentius aurum*: —O ouro é mais pernicioso do que o aço mais afiado.

Daí a lamentável denúncia:

—*Effodiuntur opes, irritamenta malorum*. A riqueza desenterrada é incentivo a todos os males.

Além disso, um célebre escritor exorta seriamente seus conterrâneos, a fim de banirem todos os vícios de uma só vez: "lancem todo o seu dinheiro ao mar" — *in mare proximum [...] Summi materiem mali!*

Porém, isso tudo não é um mero discurso retórico vazio? Existe alguma razão sólida nisso? De jeito nenhum. Pois, se o mundo é tão corrupto quanto quer, devemos culpar o ouro ou a prata? Sabemos que "o amor do dinheiro é raiz de todos os males", mas não a coisa em si. O erro não está no dinheiro, e sim em quem o usa. Ele pode ser mal usado— e o que não pode? De semelhante modo, porém, pode também ser bem usado: ele se presta totalmente aos melhores usos e também aos piores. Ele tem indescritível serventia para todas as nações civilizadas, em todos os assuntos comuns da vida; é o instrumento mais conciso para efetuar todo tipo de negócio e (se for usado segundo a sabedoria cristã) para fazer todo tipo de bem. É verdade que, se o homem estivesse num estado de inocência ou se todos os homens estivessem "cheios do Espírito Santo", de modo que, semelhantemente à Igreja Primitiva de Jerusalém, "todos [...] tinham tudo em comum [...] distribuindo o produto entre todos", o uso do dinheiro seria substituído, já que é inconcebível que haja algo desse tipo entre os habitantes do Céu. Porém, no atual estado da humanidade, ele é um excelente presente de Deus, atendendo aos mais nobres fins. Nas mãos dos Seus filhos, é alimento para os famintos, bebida para os sedentos, vestimenta para os nus; dá ao viajante e ao estrangeiro onde repousar a cabeça. Por meio dele, podemos suprir à viúva o lugar do marido e, ao órfão, o do pai. Talvez possamos ser uma proteção aos oprimidos, um meio de saúde aos doentes, de alívio aos que estão sofrendo dores; o dinheiro pode ser como olhos aos cegos, como pés aos coxos; sim, afastá-los dos portões da morte!

3. Portanto, é da mais alta importância que todos os que temem a Deus saibam como empregar esse valioso talento; que sejam instruídos sobre como poderão atender a esses fins gloriosos e no mais alto grau. E, talvez, todas as instruções necessárias a isso possam ser reduzidas a três regras claras, pois podemos ser aprovados como fiéis administradores das "riquezas de origem iníqua" pela sua exata observância.

A) A primeira dessas regras é (aquele que ouve, que entenda!) "Conquiste tudo o que puder". Aqui, podemos falar como os filhos do mundo: nós os encontramos em seu próprio território. E é nosso dever imperioso conquistar tudo que conseguirmos conquistar, sem comprar ouro demasiadamente caro, sem pagar por ele mais do que ele vale. Porém, é certo que não devemos fazer isto: não devemos ganhar dinheiro às custas da vida, nem (o que é, de fato, a mesma coisa) às custas de nossa saúde. Portanto, nenhum tipo de conquista deve nos induzir a entrar, ou continuar, em qualquer ocupação de tal tipo ou que seja acompanhada por um trabalho tão árduo ou tão prolongado que prejudique a nossa natureza. Tampouco devemos iniciar ou continuar qualquer negócio que, necessariamente, nos prive dos períodos adequados de alimentação e sono, na proporção que a nossa natureza exigir. De fato, há uma grande diferença aqui. Algumas ocupações são absoluta e totalmente insalubres, como as que implicam o muito lidar com arsênico ou outros minerais igualmente nocivos, ou respirar um ar contaminado com vapores de chumbo derretido, que, a longo prazo, obrigatoriamente destruirá a constituição física mais firme. Outras podem não ser absolutamente insalubres, e sim somente para pessoas de constituição fraca. Trata-se das que exigem muitas horas escrevendo, especialmente se a pessoa escreve sentada, inclinada sobre o estômago ou permanece muito tempo em postura desconfortável. Porém, seja o que for que a razão ou a experiência demonstre ser destrutiva da saúde ou da força, a isso não podemos nos submeter, observando que "a vida é mais [valiosa] do que o alimento, e o corpo, mais do que as vestes". E se já estamos engajados numa atividade semelhante a essas, devemos trocá-la o mais breve possível por alguma que, ainda que diminua o nosso ganho, não diminuirá a nossa saúde.

B) Segundo, devemos conquistar tudo que pudermos sem ferir a nossa mente mais do que o nosso corpo, porque não podemos ferir nenhum deles. Precisamos preservar, em todos os casos, o espírito de uma mente saudável. Portanto, não podemos nos envolver ou continuar em qualquer negócio pecaminoso, que seja contrário à lei de Deus ou à de nosso país. Assim são todos os que implicam necessariamente em roubarmos ou defraudarmos o rei de seus direitos legais, porque é no mínimo tão pecaminoso defraudar o rei de seu direito quanto roubar os nossos semelhantes. E o rei tem tanto direito ao que lhe cabe quanto nós temos às nossas casas e roupas. Há outros negócios que, por mais inocentes que sejam, não podem ser feitos com inocência agora; pelo menos, não na Inglaterra;[15] por exemplo, os que não proporcionem um sustento de maneira competente sem trapaça ou mentira, ou em conformidade com algum hábito que não seja coerente com uma boa consciência. Estes, de semelhante modo, devem ser sagradamente evitados, independentemente do ganho

---

[15] N.E.: País de origem de John Wesley.

possível de se obter deles se seguirmos sua prática de negócio, porque não devemos perder a nossa alma para ganhar dinheiro. Há ainda outros que muitas pessoas buscam com perfeita inocência, sem ferir nem o corpo, nem a mente; entretanto, talvez você não possa fazê-lo, porque eles poderão envolvê-lo em alguma companhia que destruiria sua alma; após repetidas tentativas, poderá parecer que você é incapaz de separar um do outro; ou poderá haver uma idiossincrasia — uma peculiaridade na constituição da sua alma (como há na constituição corpórea de muitos), razão pela qual tal ocupação, que outro poderá seguir com segurança, será mortífera para você. Assim, por muitos experimentos, estou convencido de que não consegui estudar, em qualquer grau de perfeição, matemática, aritmética ou álgebra, sem ser deísta, se não ateu. Outros, porém, poderão estudá-las durante toda a vida sem sofrer inconveniência alguma. Ninguém pode, portanto, determinar algo para outra pessoa; todo homem precisa julgar por si mesmo e se abster de tudo que ele mesmo descobrir ser prejudicial à sua alma.

C) Em terceiro, devemos conquistar tudo que pudermos sem ferir o nosso próximo. Não seremos capazes de fazer isso se amarmos o nosso próximo como a nós mesmos. Se amarmos a todos como a nós mesmos, não seremos capazes de lesar a prosperidade de alguém. Não podemos devorar o aumento de suas terras, e talvez as próprias terras e casas, por meio de jogos, contas superfaturadas (seja por motivo de física, lei ou qualquer outra coisa), ou exigindo ou recebendo juros tão elevados que até mesmo as leis de nosso país proíbem. Com isso se excluem todos os penhores, visto que, independentemente do bem que fazemos por meio deles, todos os homens não preconceituosos veem com tristeza que esse bem é abundantemente superado pelo mal. E, mesmo que fosse de outra maneira, não nos é permitido "fazer o mal para que venha o bem". Não podemos, de maneira compatível com o amor fraternal, vender nossos produtos abaixo do preço de mercado; não podemos estudar como arruinar o negócio do nosso próximo para aumentar o nosso próprio; muito menos poderemos aliciar ou receber qualquer de seus servos ou operários dos quais ele necessite. Ninguém pode conquistar engolindo a prosperidade do seu vizinho sem ganhar a condenação do inferno!

D) Igualmente, não podemos conquistar ferindo o corpo do nosso próximo. Portanto, não podemos vender algo que tenda a prejudicar a saúde. Falo, eminentemente, de todo fogo líquido, os preparados a base de bebidas alcoólicas. É verdade que eles podem ter lugar na medicina, podendo ser úteis em alguns distúrbios do corpo, embora raramente houvesse ocasião para eles se não fosse pela inépcia do médico. Portanto, quem os prepara e vende somente para esse fim pode manter a consciência tranquila. Porém, quem são eles? Quem os prepara e vende somente para esse fim? Você conhece dez destiladores assim na Inglaterra? Então, desculpe-os. Porém, todos que os vendem da maneira comum, a qualquer um que queira comprar, são envenenadores em geral. Eles matam os súditos de Sua Majestade por atacado; o olho deles não tem compaixão, nem poupa. Eles os levam ao inferno como ovelhas. E o que eles ganham? Não é o sangue daqueles homens? Quem, então, invejaria suas grandes propriedades e seus palácios suntuosos? Uma maldição está em seu meio: a maldição de Deus se apega às pedras, à madeira, ao mobiliário deles. A maldição de Deus está em seus jardins, suas calçadas, seus bosques; um fogo que arde até o inferno mais profundo! Sangue, sangue há ali — os alicerces, o piso, as paredes e o teto estão manchados de sangue! E você, homem de sangue, pode esperar, embora esteja "vestido de escarlate e linho fino e coma suntuosamente todos os dias"; você pode ter esperança de entregar seus campos de sangue para a terceira geração? Não, porque há um Deus no Céu; portanto, o seu nome será logo extirpado. Como aqueles de quem você destruiu corpo e alma, "a sua memória perecerá com você"!

E) Não são participantes da mesma culpa, embora em menor grau, os cirurgiões, boticários ou médicos que brincam com a vida ou a saúde de homens para aumentar seu próprio ganho? Os que prolongam propositalmente a dor ou doença que são capazes de remover rapidamente? Os que prolongam a cura do corpo de seu paciente para pilhar sua prosperidade? Pode estar limpo perante Deus alguém que não encurte cada distúrbio "tanto quanto puder" e não remova toda doença e dor "assim que puder"? Não pode, porque é absolutamente claro que ele "não ama o próximo como a si mesmo" e não "faz aos outros o que gostaria que eles lhe fizessem".

F) Essa é uma conquista comprada por alto preço. Isso ocorre com tudo que é obtido ferindo a alma do nosso próximo e que contribui, suponhamos, direta ou indiretamente para a sua falta de castidade ou para a sua intemperança, o que certamente não pode ser feito por alguém que tenha qualquer temor a Deus ou qualquer desejo real de agradá-lo. Considerar isso quase se refere a todos que têm algo a ver com tabernas, restaurantes, teatros, casas de jogos ou qualquer outro lugar de diversão pública da moda. Se isso for proveitoso à alma dos homens, você está limpo — a sua atividade é boa e seu ganho é inocente; porém, se ela tiver natureza pecaminosa ou for uma entrada natural para diversos tipos de pecados, deve-se temer que a sua prestação de contas será triste. Cuidado para que, naquele dia, Deus não diga "esse perverso morrerá na sua iniquidade, mas o seu sangue da tua mão o requererei" (Ezequiel 3:18)!

G) Sendo observados esses cuidados e restrições, é dever sagrado de todos os que estão engajados em negócios mundanos atentarem para a primeira e grande regra da sabedoria cristã com respeito ao dinheiro: "Conquiste tudo que puder". Conquiste tudo que puder por meio de atividade honesta. Use toda a diligência possível em seu chamado. Não perca tempo. Se você entende a si mesmo e o seu relacionamento com Deus e com o homem, sabe que não tem tempo a desperdiçar. Se você entender o seu chamado específico como deve, não sobrará tempo em suas mãos. Todo negócio garantirá trabalho suficiente para todos os dias e todas as horas. Se você se dedicar seriamente àquele em que for colocado, não terá tempo para distrações tolas e inúteis. Você sempre tem algo melhor para fazer, algo que lhe será mais, ou menos, proveitoso. E "tudo quanto te vier à mão para fazer, faze-o conforme as tuas forças". Faça-o o mais rápido possível, sem demora! Não o adie de um dia para o outro ou de uma hora para a outra! Nunca deixe para amanhã o que você pode fazer hoje. E o faça da melhor maneira possível. Não durma ou boceje sobre a tarefa: dedique toda a sua força ao trabalho. Não poupe esforços. Que nada seja feito pela metade ou de maneira trivial e descuidada. Que em sua atividade não fique coisa alguma por fazer se isso puder ser feito por meio de esforço ou paciência.

H) Conquiste tudo que puder com bom senso, usando em seu negócio todo o entendimento que Deus lhe deu. É surpreendente observar como poucos o fazem; como os homens percorrem a mesma trilha fastidiosa de seus antepassados. Porém, o que quer que faça quem não conhece a Deus, isso não é regra para você. Para um cristão é vergonha não se tornar melhor do que eles, seja no que for que fizer. Você deve aprender continuamente com a experiência dos outros ou com a sua própria experiência, leitura e reflexão, para fazer melhor hoje do que ontem tudo que você tem de fazer. E certifique-se de praticar o que quer que aprender, para poder fazer o melhor de tudo que está em suas mãos.

4. Tendo conquistado tudo que puder com honesta sabedoria e incansável diligência, a segunda regra da prudência cristã é: "Poupe tudo que puder". Não lance o precioso talento ao mar; deixe essa tolice para os filósofos pagãos. Não o jogue fora fazendo despesas

inúteis, que é o mesmo que lançá-lo ao mar. Não gaste parte dele meramente para satisfazer à concupiscência da carne, à concupiscência dos olhos ou à soberba da vida.

A) Não desperdice parte alguma de um talento tão precioso meramente para satisfazer às concupiscências da carne de obter quaisquer tipos de prazeres dos sentidos; particularmente, de ampliar o prazer de saborear. Não quero dizer somente evitar a glutonaria e a embriaguez: um pagão honesto as condenaria. Há, porém, um tipo regular e respeitável de sensualidade, um epicurismo elegante, que não prejudica imediatamente o estômago, nem (sensivelmente, pelo menos) o entendimento e, contudo (para não mencionar agora seus outros efeitos), não pode ser mantido sem despesa considerável. Corte toda essa despesa! Despreze os aperitivos e a variedade e contente-se com o que a simplicidade da natureza exige.

B) Não desperdice parte alguma de um talento tão precioso para meramente satisfazer à concupiscência dos olhos por meio de vestimentas supérfluas ou caras, ou de ornamentos desnecessários. Não desperdice parte alguma dele em adornar sua casa de maneira singular; em móveis supérfluos ou caros; em quadros valiosos, pinturas, douramentos, livros; em jardins elegantes em vez de úteis. Que seus vizinhos, que nada conhecem de melhor, o façam: "deixa aos mortos o sepultar os seus próprios mortos". Porém, o nosso Senhor diz: "De que isso lhe serve? 'Segue-me'". Você está disposto? Então, é capaz de fazê-lo!

C) Não gaste coisa alguma para satisfazer à soberba da vida, para conquistar admiração ou louvor de homens. Frequentemente, esse motivo de despesa está entrelaçado com um dos primeiros, ou os dois. Os homens gastam muito em alimentos, roupas ou móveis, não apenas para agradar seu apetite ou satisfazer seus olhos, sua imaginação, mas também sua vaidade. "Enquanto fizeres bem a ti mesmo, os homens falarão bem de ti." Enquanto você estiver "vestido de púrpura e linho fino, e comendo suntuosamente" todos os dias, "não há dúvida de que muitos aplaudirão o seu gosto elegante, a sua generosidade e hospitalidade. Porém, não pague tão caro pelos aplausos deles. Em vez disso, contente-se com a honra que vem de Deus".

D) Quem gastaria alguma coisa para satisfazer esses desejos se considerasse que satisfazê-los é aumentá-los? Nada pode ser mais certo do que isto: a experiência diária mostra que, quanto mais são satisfeitos, mais eles aumentam. Portanto, sempre que você gasta algum valor para agradar ao seu paladar ou a outros sentidos, paga esse valor por carnalidade. Quando você gasta dinheiro para agradar aos seus olhos, dá o mesmo por um aumento da curiosidade — por uma ligação mais forte com esses prazeres que perecem por seu uso. Enquanto você está comprando alguma coisa que os homens costumam aplaudir, está comprando mais vaidade. Você já não teve o suficiente de vaidade, sensualidade e curiosidade? Havia necessidade de algum acréscimo? E você pagaria também por isso? Que tipo de sabedoria é essa? Literalmente lançar o seu dinheiro ao mar não seria uma loucura menos perniciosa?

E) E por que você deveria jogar dinheiro fora com seus filhos, mais do que consigo mesmo, em iguarias, trajes vistosos ou caros, abundância desnecessária de qualquer tipo? Por que você deveria lhes comprar mais soberba ou concupiscência, mais vaidade ou desejos tolos e prejudiciais? Eles não querem mais, já têm o suficiente; a natureza lhes proveu abundantemente. Por que você deveria gastar ainda mais para aumentar as tentações e armadilhas para eles e para inundá-los com mais tristezas?

F) Não permita que eles desperdicem. Se você tem uma boa razão para acreditar que eles desperdiçariam o que agora pertence a você para satisfazer e, assim, aumentar a concupiscência da carne, a concupiscência dos olhos ou a soberba da vida, pondo em perigo a alma dos outros e a sua própria, não coloque essas armadilhas no caminho deles. Não ofereça seus filhos ou suas filhas a Belial mais do que a Moloque. Tenha piedade deles e remova do caminho que eles percorrem o que você puder facilmente prever que aumentaria os pecados deles e, consequentemente, os afundaria ainda mais na perdição eterna! É surpreendente a presunção desses pais que pensam que nunca conseguem deixar para seus filhos o suficiente! O quê? Você não consegue deixar-lhes flechas, brasas e morte o suficiente? Desejos tolos e prejudiciais suficientes? Soberba, concupiscências, vaidade da ambição suficientes? Queimaduras eternas suficientes? Pobre desgraçado! Você teme onde não há temor. Certamente, você e eles, quando estiverem levantando os olhos no inferno, terão o suficiente do "verme que não morre" e do "fogo que nunca se apaga"!

G) "O que você faria se estivesse em meu lugar? Se tivesse uma fortuna considerável para deixar?" Quer eu o tivesse ou não, sei o que devo fazer, sem qualquer dúvida razoável. Se eu tivesse um filho, mais velho ou mais novo, que soubesse o valor do dinheiro — alguém que eu acreditasse que faria do dinheiro um uso verdadeiro —, pensaria ser meu dever absoluto e indispensável deixar a esse filho a maior parte da minha fortuna; e, aos demais, apenas quanto lhes permitisse viver da maneira a que haviam sido acostumados. "Porém, e se todos os seus filhos fossem igualmente ignorantes quanto ao verdadeiro uso do dinheiro?" Eu deveria, então (Palavras duras! Quem pode ouvi-las?), dar a cada um o que o manteria acima da necessidade e doar todo o resto da maneira que eu julgasse glorificar mais a Deus.

5. Porém, homem algum imagine que tenha feito algo apenas "conquistando e poupando tudo que pode" e parando por aí. Tudo isso é nada se um homem não avançar, se não designar

tudo isso para um fim mais adiante. Nem, de fato, podemos dizer que um homem poupa alguma coisa se apenas a acumula. Você tanto pode lançar o seu dinheiro ao mar ou enterrá-lo no chão. E você pode muito bem enterrá-lo no chão, no seu cofre ou no Banco da Inglaterra. Não o usar significa efetivamente jogá-lo fora. Se, portanto, você realmente desejar "das riquezas de origem iníqua [fazer] amigos", acrescente a terceira regra às duas anteriores. Tendo, primeiramente, conquistado tudo que pôde e, em segundo lugar, poupado tudo que pôde, "doe tudo que puder".

A) Para ver o fundamento e a razão disso, considere que, quando o Possuidor do Céu e da Terra o trouxe à existência e o colocou neste mundo, Ele o colocou aqui não como um proprietário, mas como um mordomo. Como tal, confiou-lhe, durante algum tempo, diversos tipos de bens; porém, o único proprietário desses bens continua sendo Ele e esses bens não podem ser alienados dele. Assim como você mesmo não é o seu próprio dono, e sim Ele, o mesmo ocorre com tudo o que você usufrui. Assim é com a sua alma e o seu corpo: não pertencem a você, e sim a Deus. E assim é, em particular, a sua prosperidade. E Ele lhe disse, nos termos mais claros e evidentes, como você deve empregá-la para Ele, de tal maneira que tudo isso possa ser um sacrifício sagrado, aceitável por meio de Jesus Cristo. E Ele prometeu recompensar com um eterno peso de glória esse serviço leve e fácil.

B) As instruções que Deus nos deu no que se refere ao uso de nossa prosperidade mundana podem ser abrangidas nos detalhes a seguir. Se você deseja ser um mordomo fiel e sábio, da parte dos bens de seu Senhor, que Ele entregou, por enquanto, em suas mãos, mas com o direito de tomá-los de volta sempre que isso o agradar, primeiramente providencie as coisas necessárias para si mesmo; alimentos para comer, roupa para vestir, o que quer que a natureza exija moderadamente para preservar o corpo com saúde e força. Em segundo, forneça isso à sua esposa, seus filhos, seus servos ou qualquer outro que pertença à sua casa. Se, após isso, ficar um excedente, "faça o bem aos que são da família da fé". Se ainda houver um excedente, "faça o bem a todos conforme haja oportunidade". Ao fazer isso, você dá tudo que pode; não, no bom sentido — tudo que você tem, porque tudo que é distribuído dessa maneira é realmente dado a Deus. Você "dá a Deus o que é de Deus", não somente pelo que você dá aos pobres, mas também pelo que você despende para prover as coisas necessárias para você e a sua casa.

C) Então, se em algum momento surgir dúvida em sua mente sobre o que você gastará, seja com você mesmo ou com qualquer parte de sua família, você terá uma maneira fácil de removê-la. Calma e seriamente, indague-se:

- Estou agindo em conformidade com o meu caráter? Estou agindo como proprietário disso ou como administrador dos bens do meu Senhor?
- Estou fazendo isso em obediência à Sua Palavra? Em que passagem bíblica o Senhor exige que eu faça isso?
- Posso oferecer essa ação, essa despesa, como um sacrifício a Deus por meio de Jesus Cristo?
- Tenho motivo para acreditar que, para esse exato trabalho, terei uma recompensa na ressurreição dos justos?

Você raramente precisará de mais do que isso para apagar qualquer dúvida que surgir em relação a isso; por essa consideração quádrupla, você receberá um esclarecimento quanto ao caminho a seguir.

D) Se ainda permanecer alguma dúvida, você poderá se examinar adicionalmente por meio de oração acerca desses pontos de indagação.

Veja se é capaz de dizer Àquele que sonda corações, sem que a sua consciência o condene: "Senhor, tu vês que usarei essa quantia com aquele alimento, vestimenta, mobília. E sabes que eu ajo nisso com a única intenção de ser um mordomo dos Teus bens, despendendo essa parte deles tendo em vista o desígnio que tu tiveste ao confiá-los a mim. Sabes que faço isso em obediência ao Senhor, como Tu ordenas e por Tu o ordenares. Peço-te que isso seja um santo sacrifício, aceitável por meio de Jesus Cristo! E dá-me a percepção de que, para esse trabalho de amor, eu terei uma recompensa quando galardoares todo homem segundo as suas obras". Ora, se a sua consciência lhe der testemunho no Espírito Santo de que essa oração é agradável a Deus, você não terá razão para duvidar de que aquela despesa é correta e boa, e como tal nunca se envergonhará.

E) Você vê, portanto, o que é "fazer-se amigo das riquezas de origem iníqua" e de que maneira você pode conseguir "que, quando aquelas vos faltarem, esses amigos vos recebam nos tabernáculos eternos". Você vê a natureza e a extensão da verdadeira prudência cristã relacionada ao uso desse grande talento, o dinheiro. Conquiste tudo que puder, sem ferir a si mesmo ou o próximo, na alma ou no corpo, aplicando-se com diligência ininterrupta e todo o entendimento que Deus lhe deu. Poupe tudo que puder, cortando todas as despesas que só servirem para satisfazer a desejos insensatos: a concupiscência da carne, a concupiscência dos olhos ou a soberba da vida. Não desperdice coisa alguma vivendo ou morrendo em pecado ou em insensatez, seja para si mesmo ou para seus filhos. Então, doe tudo que puder; ou, em outras palavras, entregue a Deus tudo que você tiver. Não se prive, como um judeu no lugar de um cristão, dessa ou daquela proporção. "Entregue a Deus", não um décimo, não um terço, não metade, mas tudo o que é de Deus, seja isso mais ou seja menos, empregando tudo em você, sua família, a família da fé e toda a humanidade, de maneira que possa prestar boas contas de sua mordomia quando não puder mais ser mordomo; da maneira como os oráculos de Deus orientam, por preceitos tanto gerais quanto específicos; de maneira que qualquer coisa que você fizer possa ser "um sacrifício de aroma suave para Deus" e que todo o ato possa ser recompensado no dia em que o Senhor vier com todos os Seus santos.

F) Irmãos, podemos ser mordomos sábios ou fiéis se não administrarmos assim os bens do nosso Senhor? Não podemos, pois não somente os oráculos de Deus, mas também a nossa própria consciência testemunha disso. Então, por que devemos deixar para depois? Por que devemos continuar confiando em carne e sangue, ou homens do mundo? Nem nosso reino, nem nossa sabedoria são deste mundo. O costume dos pagãos nada significa para nós. Só seguimos homens seguidores de Cristo. Ouçam-no. Ouçam-no ainda hoje. Sim, hoje ouça e obedeça a Sua voz! Neste momento e a partir deste momento, faça a Sua vontade: cumpra a Sua palavra nisso e em todas as coisas! Suplico-lhe, em nome do Senhor Jesus: aja em conformidade com a dignidade do seu chamado! Chega de preguiça! Tudo que a sua mão encontrar para fazer, faça com as suas forças! Chega de desperdício! Corte todas as despesas exigidas por moda, capricho ou carne e sangue! Chega de cobiça! Em vez disso, empregue o que quer que Deus lhe haja confiado em fazer o bem, todo o bem possível, em todos os tipos e graus possíveis, à família da fé, a todos os homens! Essa não é uma pequena parte da "sabedoria dos justos". Entregue tudo que você tem e tudo que você é, um sacrifício espiritual Àquele que de você não reteve o Seu Filho, o Seu único Filho. Assim, "acumulem para si mesmos tesouros, sólido fundamento para o futuro, a fim de se apoderarem da verdadeira vida" (1 Timóteo 6:19)!

O GRANDE DEVER
DA RELIGIÃO EM FAMÍLIA

Por GEORGE WHITEFIELD

Eu e a minha casa serviremos ao .
—Josué 24:15

Essas palavras contêm a santa resolução do piedoso Josué. No versículo imediatamente anterior ao texto, tendo recontado aos israelitas, em um discurso comovente e afetuoso, as grandes coisas que Deus havia feito por eles, esse grande líder faz uma adequada inferência a partir do que havia falado. Josué lhes informa, nos termos mais insistentes, que, havendo Deus sido tão excessivamente gracioso com eles, o povo não poderia fazer menos do que, por gratidão por tão incomuns favores e misericórdias, dedicar-se, bem como suas famílias, ao Seu serviço: "Agora, pois, temei ao SENHOR e servi-o com integridade e com fidelidade; deitai fora os deuses aos quais serviram vossos pais dalém do Eufrates e no Egito e servi ao SENHOR". E, pelo mesmo envolvente motivo, o profeta Samuel, mais adiante, compele o povo à obediência aos mandamentos de Deus: "Tão-somente, pois, temei ao S‍enhor e servi-o fielmente de todo o vosso coração; pois vede quão grandiosas coisas vos fez" (1 Samuel 12:24). Então, para que eles não pudessem ter a desculpa (como muitos podem estar inclinados a fazer) de que Josué lhes dava mau exemplo, ou pensar que ele estivesse colocando um fardo pesado sobre o povo enquanto ele próprio não o tocava com um único dedo, ele lhes diz no texto que, independentemente de como eles considerassem a doutrina que ele havia pregado, ele mesmo, Josué (como todos os ministros devem fazer), estava decidido a cumpri-la e praticá-la: "Escolhei, hoje, a quem sirvais: se aos deuses a quem serviram vossos pais que estavam dalém do Eufrates ou aos deuses dos amorreus em cuja terra habitais. Eu e a minha casa serviremos ao S‍enhor".

Essa é uma resolução digna de Josué e não menos apropriada, não menos necessária, a todo verdadeiro filho de Josué, a quem é confiado o cuidado e governo de uma família em nossos dias. E, se alguma vez foi oportuno aos ministros pregar, ou às pessoas colocarem em prática a religião da família, esse tempo é a presente era, por ser muito temível que, dentre as muitas famílias que se dizem cristãs, haja poucas pessoas que servem a Deus como deveriam em seus respectivos contextos.

É verdade, visitem nossas igrejas e talvez vocês vejam algo semelhante à piedade ainda subsistindo entre nós; porém, até mesmo isso dificilmente será encontrado na privacidade dos lares. Desse modo, se os anjos benditos viessem, como na era patriarcal, e observassem a nossa *oeconomia* espiritual[16] em casa, não seriam eles tentados a dizer, como Abraão a Abimileque: "Certamente não há temor de Deus neste lugar" (Gênesis 20:11)?

É difícil determinar de que maneira essa negligência geral da religião da família começou a se espalhar pelo mundo cristão. Quanto

---

[16] O significado não está no dicionário, mas *oecumênico* = ecumênico; assim, *oeconomia* pode ser o mesmo que economia.

aos cristãos do primeiro século, tenho certeza de que não eram assim. Não, eles não haviam aprendido erroneamente sobre Cristo, de maneira a imaginar que a religião deveria ser confinada apenas às suas reuniões para culto público. Ao contrário, comportavam-se com tanta piedade e exemplar santidade em suas famílias, que o apóstolo Paulo frequentemente compara a casa deles a uma igreja: "...saudai igualmente a igreja que se reúne na casa deles". Acredito que nós devemos nos desesperar sempre que virmos um espírito de piedade dos primeiros cristãos revivido no mundo até estarmos tão felizes quanto ao virmos um avivamento da religião familiar da Igreja Primitiva; e as pessoas, unanimemente, decidindo com o bom e velho Josué, nas palavras do texto: "Eu e a minha casa serviremos ao Senhor".

A partir dessas palavras, pedirei licença para insistir nestas três coisas:

1. Primeiro, que é dever de todo chefe de família cuidar de que não somente ele mesmo, mas também os que foram entregues ao seu encargo "sirvam ao Senhor".

2. Em segundo, procurarei mostrar de que maneira um chefe de família e sua casa devem servir ao Senhor.

3. E, em terceiro, apresentarei alguns motivos para incitar todos os chefes, com suas respectivas famílias, a servirem ao Senhor da maneira que será recomendada.

1. Primeiro, mostrarei que é dever de todo chefe de família cuidar de que não somente ele mesmo, mas também os que foram entregues ao seu encargo sirvam ao Senhor.

Isso aparecerá se levarmos em conta que todo chefe de família deve considerar-se obrigado a atuar em três competências — como profeta, para instruir os seus membros; como sacerdote, para orar por e com eles, e como rei, para governá-los, orientá-los e prover-lhes. É, de fato, verdade que, no último desses ofícios, o de rei, os chefes de família não são tão frequentemente deficientes (pelo contrário, nisso eles são, geralmente, muito solícitos). Contudo, quanto aos dois primeiros, seu ofício sacerdotal e profético, assim como Gálio eles não se importam. Porém, por mais indiferentes que alguns chefes possam ser a respeito disso, eles podem estar certos de que Deus exigirá o devido cumprimento dessas responsabilidades colocadas em suas mãos, porque, como o apóstolo argumenta, "se alguém não tem cuidado dos seus e especialmente dos da própria casa" nas coisas temporais, "tem negado a fé e é pior do que o descrente", a que maior grau de apostasia deve ter chegado quem não pensa em prover o bem-estar espiritual de sua família!

Porém, além disso, as pessoas são, geralmente, muito liberais em suas invectivas contra os sacerdotes e pensam culpar justamente a conduta do ministro que não dá atenção e não vigia o rebanho do qual o Espírito Santo o tornou supervisor. No entanto, todo chefe de família que não se importa com as almas entregues ao seu encargo não está, em menor grau, sujeito à mesma censura? Afinal, toda casa é, por assim dizer, uma pequena paróquia e todo chefe de família (como foi observado anteriormente) é um sacerdote. Toda família é um rebanho; e se algum deles perecer por negligência do chefe, Deus cobrará deste o sangue daquele.

Se um ministro negligenciasse ensinar seu povo publicamente, e de casa em casa, e se desculpasse dizendo ter o suficiente para fazer por sua própria salvação com temor e tremor, sem se preocupar com a dos outros, você não estaria inclinado a pensar que tal ministro era como o juiz iníquo — "que não temia a Deus, nem respeitava homem algum"? E, ainda assim, por mais odioso que seja, tal reputação não é pior do que a merecida pelo chefe de família que se considera obrigado somente a considerar a sua própria alma, sem prestar qualquer atenção às demais almas de sua casa, pois (conforme sugerido anteriormente) toda casa é, por assim dizer, uma paróquia e todo senhor está envolvido em assegurar, tanto quanto lhe cabe, a prosperidade espiritual de todos os que estão sob a sua guarda, assim como qualquer ministro é obrigado a cuidar do bem-estar espiritual de todos os indivíduos que estão sob o seu encargo.

Não sei dizer quais precedentes os homens que negligenciam seu dever neste particular podem alegar para tal omissão. Sem dúvida, não o exemplo do santo Jó, que estava muito longe de imaginar que, como chefe de família, nada tinha a ver com a alma de alguém, a não ser a sua própria. As Escrituras nos dizem: "Decorrido o turno de dias de seus banquetes, chamava Jó a seus filhos e os santificava; levantava-se de madrugada e oferecia holocaustos segundo o número de todos eles, pois dizia: Talvez tenham pecado os meus filhos e blasfemado contra Deus em seu coração. Assim o fazia Jó continuamente". Eles também não podem alegar a prática do bom e velho Josué, que, no texto, encontramos tão preocupado com o bem-estar de sua casa quanto com o seu próprio. Nem, finalmente, o de Cornélio, que temia a Deus, não apenas ele mesmo, mas toda a sua casa. Se os cristãos tivessem o mesmo espírito de Jó, de Josué e do centurião gentio, agiriam como Jó, Josué e Cornélio.

Porém, ai de mim! Se for assim e todos os chefes de famílias devam não apenas servir eles mesmos ao Senhor, mas igualmente cuidar de que suas respectivas famílias também o façam, o que acontecerá aos que não apenas negligenciam o seu próprio servir a Deus, mas também ridicularizam e zombam de qualquer membro de sua família que o faça? Aqueles que não se contentam com não entrar no reino dos Céus, mas também impedem a entrada de quem está disposto a entrar são, decerto, ajudantes do diabo. Certamente, a condenação deles não adormece, porque, embora Deus, em Sua boa providência, possa permitir que tais pedras de tropeço sejam colocadas no caminho de Seus filhos e que os maiores inimigos deles sejam membros da própria família, para provar a sua sinceridade e aprimorar a sua fé, não podemos deixar de pronunciar um infortúnio contra esses chefes pelos quais tais ofensas vêm; porque, se dificilmente pode ser salvo quem apenas cuida de sua própria alma, onde aparecerão tais chefes de família profanos e perversos?

Porém, esperando que haja poucos dessa infeliz estirpe, prossigamos agora para a segunda questão proposta.

2. Mostrar de que maneira um chefe de família e sua casa devem servir ao Senhor.

A) E a primeira coisa que mencionarei é *ler a Palavra de Deus*. Esse é um dever que cabe a todo indivíduo. "Examinais as Escrituras, porque julgais ter nelas a vida eterna" é um preceito dado pelo nosso bendito Senhor a todos, indiferentemente. No entanto, todo chefe de família deve pensar que de maneira peculiar isso foi dito a si mesmo, porque (como já foi provado) ele tem o dever de se considerar um profeta e, portanto, compativelmente com tal função, sentir-se obrigado a instruir quem está sob a sua responsabilidade no conhecimento da Palavra de Deus.

Vemos que essa é a ordem dada por Deus ao Seu povo escolhido, Israel, pois assim fala o seu representante Moisés: "Estas palavras", isto é, as palavras das Escrituras, "que hoje te ordeno estarão no teu coração; tu as inculcarás a teus filhos" (Deuteronômio 6:6,7), isto é, conforme geralmente explicado, servos e filhos, "e delas falarás assentado em tua casa". Disso podemos inferir que o único motivo pelo qual tantos negligenciam ler as palavras das Escrituras diligentemente aos seus filhos é porque elas não habitam em seu coração — porque, se ali estivessem, a sua boca falaria da abundância do seu coração.

Além disso, servos e filhos são, em geral, muito ineptos e meros principiantes nas leis de Deus; como saberão se ninguém lhes ensinar? E o que é mais adequado para ensinar-lhes do que os vivos oráculos de Deus, "que podem [torná-los sábios] para a salvação"? E quem é mais adequado para instruí-los por esses oráculos vivos senão pais e mestres, que (como mais de uma vez se observou) estão envolvidos com alimentá-los diariamente tanto com o pão espiritual quanto com o pão material?

Porém, se for assim, em que estado miserável estão os infelizes chefes de família que estão tão longe de alimentar os que estão aos seus cuidados com o sincero leite da Palavra, para que possam crescer, que nem pesquisam as Escrituras, nem têm o cuidado de explicá-las aos outros? Assim, famílias que se esforçam tanto para conhecê-las precisam, de fato, contentar-se com fazer a vontade do seu Senhor! Não se imaginaria que elas teriam se convertido à Igreja de Roma, que pensassem que a ignorância é a mãe da devoção e que os que leem a Bíblia deveriam ser condenados como hereges? Contudo, quão poucas famílias há entre nós que não agem dessa maneira indecorosa! Devo elogiá-las quanto a isso? Eu não as elogio; irmãos, isso não deveria ser assim.

B) Passemos agora ao segundo recurso com o qual todo chefe de família e sua casa devem servir ao Senhor: *Oração Familiar*.

Esse é um dever, embora tão negligenciado, mas tão absolutamente necessário quanto o primeiro. A leitura é um bom preparativo para a oração, porque a oração é um excelente meio de tornar a leitura eficaz. E o motivo pelo qual todo chefe de família deve unir esses dois exercícios é claro, porque um chefe de família não pode cumprir o seu ofício sacerdotal (do qual ele está, até certo ponto, investido, conforme observamos anteriormente) sem cumprir esse dever da oração familiar.

Quando é feita menção de Caim e Abel oferecerem sacrifícios, vemos a observação de que eles os trouxeram. Porém, a quem eles os trouxeram? Ora, com toda a probabilidade, ao seu pai Adão, que, como sacerdote da família, deveria oferecer sacrifícios em nome deles. E assim deveria todo filho espiritual do segundo Adão, a quem é confiado o cuidado de uma casa, oferecer os sacrifícios espirituais de súplicas e ações de graças, aceitáveis a Deus por meio de Jesus

Cristo, na presença e em nome de todos os que servem ou comem à sua mesa.

Lemos que assim se comportava o nosso bendito Senhor, quando tabernaculou entre nós, pois frequentemente é relatado que Ele orou com Seus doze discípulos, que compunham, à época, a Sua pequena família. E Jesus mesmo prometeu uma bênção especial para as súplicas conjuntas: "...onde estiverem dois ou três reunidos em meu nome, ali estou no meio deles". E, novamente, "se dois dentre vós, sobre a terra, concordarem a respeito de qualquer coisa que, porventura, pedirem, ser-lhes-á concedida". Acrescente a isso que somos ordenados pelo apóstolo a "com toda oração e súplica, [orar] em todo tempo", o que, sem dúvida, inclui a oração familiar. E o servo Josué, ao estabelecer a boa resolução presente no texto, de que ele e sua família serviriam ao Senhor, certamente resolveu orar com sua família, o que é um dos melhores testemunhos que eles poderiam dar de servir a Deus.

Além disso, não há famílias que não tenham algumas bênçãos comuns, das quais todos foram participantes, para dar graças; algumas cruzes e aflições comuns, sobre as quais devam orar; alguns pecados comuns que todos eles devam lamentar e chorar; mas é difícil conceber como isso pode ser feito sem se reunirem em um ato comum de humilhação, súplica e ação de graças.

A partir de todas as considerações feitas, fica evidente que a oração familiar é um dever grande e necessário; e consequentemente, os chefes de família que a negligenciam são, sem dúvida, indesculpáveis. E deve-se temer muito que, se vivem sem oração familiar, vivem sem Deus no mundo.

Contudo, por ser esse um caráter tão odioso, é de se temer que Deus tenha enviado um anjo para nos destruir, como o Senhor fez para destruir os primogênitos egípcios, e ainda lhe dar o encargo de não poupar casa alguma em que não visse o sangue na verga, espargido na ombreira da porta, para que nenhuma família escapasse, senão as que clamavam por Ele na oração da manhã e da tarde; poucos permaneceriam intocados por Sua espada vingadora. Devo chamar essas famílias de cristãs ou de pagãs? Sem dúvida, elas não merecem o nome de cristãs; e os pagãos se levantarão em julgamento contra tais famílias profanas desta geração, porque sempre tiveram seus deuses caseiros, a quem adoravam e cujo auxílio invocavam frequentemente. E, com certeza, essas famílias que precisam ser mandadas à escola para pagãos chegaram a uma situação lamentável. Porém, não será o Senhor vingado em casas tão profanas quanto essas? Não derramará Ele a Sua ira sobre os que não invocam o Seu nome?

C) Porém, é tempo de me apressar para o terceiro e último meio que recomendarei, pelo qual todo chefe deve, com sua família, servir ao Senhor, *catequizando e instruindo* seus filhos e servos e educando-os na disciplina e na admoestação do Senhor.

Esse, assim como os dois anteriores, é um dever que cabe a todo chefe de família e provém do famoso louvor ou elogio de Deus acerca de Abraão: "Eu o escolhi para que ordene a seus filhos e a sua casa depois dele, a fim de que guardem o caminho do Senhor e pratiquem a justiça e o juízo". E, de fato, quase nada nos é mais frequentemente imposto nas Sagradas Escrituras do que esse dever de catequizar. Assim, diz Deus em uma passagem anteriormente citada: "tu as inculcarás a teus filhos". E, no Novo Testamento, os pais são ordenados a criarem seus filhos "na disciplina e na admoestação do Senhor". O salmista nos diz que uma grande finalidade de Deus haver feito grandes maravilhas por Seu povo foi "com a intenção de que, quando crescessem, mostrassem o mesmo a seus filhos ou servos". Em Deuteronômio 6:20 e versículos seguintes, Deus ordena estritamente ao Seu povo que instrua os seus filhos na verdadeira natureza do culto cerimonial quando eles perguntassem sobre isso, como Ele supôs que fariam no futuro. E, se os servos e filhos deviam ser instruídos acerca da natureza dos ritos judaicos, muito mais deveriam agora ser iniciados e fundamentados nas doutrinas e nos primeiros princípios do evangelho de Cristo, não somente por ele ser uma revelação, que trouxe a vida e a imortalidade a uma luz mais plena e clara, mas também porque muitos sedutores vagam pelo mundo, que fazem o máximo esforço para destruir não somente a superestrutura, mas também para enfraquecer o próprio alicerce da nossa santíssima religião.

A geração atual faria, então, a sua posteridade ser formada por verdadeiros adoradores e honradores de Deus? Mestres e pais precisam seguir o bom conselho de Salomão, treinando e catequizando as suas respectivas famílias no caminho em que devem andar.

Só conheço uma objeção que poderá, com alguma razão, ser feita contra o que foi falado: que um procedimento como esse tomará muito tempo e, durante longo tempo, afastará as famílias de seus negócios mundanos. Porém, deve-se perguntar se as pessoas que iniciam tal abjeção não têm o mesmo espírito hipócrita do traidor Judas, que se indignou contra a devota Maria por ser tão pródiga de seu unguento ao ungir o nosso bendito Senhor e perguntou por que o unguento não poderia ser vendido por 300 denários e dado aos pobres. Deus nos deu muito tempo para trabalharmos para nós mesmos; não devemos permitir que alguma pequena quantidade dele seja dedicada, de manhã e à noite, à sua mais direta adoração e serviço? As pessoas não leram que é Deus quem concede aos homens poder para obterem riqueza e, portanto, que a melhor maneira de prosperar no mundo é assegurar o Seu favor? E o nosso próprio bendito Senhor não nos prometeu que, se buscarmos primeiramente o reino de Deus e a Sua justiça, todas as necessidades exteriores nos serão acrescentadas?

Sem dúvida, Abraão era um homem tão ocupado quanto esses opositores possam ser; contudo, encontrava tempo para comandar sua casa a servir ao Senhor. Mais do que isso, Davi era um rei e, consequentemente, tinha em suas mãos muitos afazeres; não obstante, professou que andaria em sua casa com um coração perfeito. E, para citar apenas mais um exemplo, Josué era, certamente, uma pessoa muito envolvida com assuntos temporais; contudo, declarou solenemente perante todo o Israel que ele e a sua casa serviriam ao Senhor. Se as pessoas apenas remissem o seu tempo, como fizeram Abraão, Davi ou Josué, não mais se queixariam de que os deveres de família as mantiveram longe demais dos assuntos do mundo.

3. Porém, espero que meu terceiro e último tópico geral, no qual eu apresentarei alguns motivos para empolgar todos os chefes, com suas respectivas famílias, a servir ao Senhor da maneira antes recomendada, ajude, em vez de mil argumentos, a provar a fraqueza e loucura de qualquer objeção desse tipo.

A) E o primeiro motivo que mencionarei é o dever de *gratidão* que vocês, chefes de família, devem a Deus. Todos precisam confessar que a sua porção está lançada em solo justo: a providência lhes deu uma boa herança, acima de muitos dos seus semelhantes; portanto, por um princípio de gratidão, vocês devem se empenhar ao máximo para que todas as pessoas de suas respectivas famílias invoquem a Deus enquanto viverem — para não mencionar que a autoridade com que Deus investiu vocês, como pais e chefes de família, é um talento entregue à sua confiança, o qual vocês são obrigados a multiplicar para honra do seu Senhor. Em outras coisas, vemos que os chefes de família e pais são capazes de exercer facilmente o senhorio sobre seus filhos e servos, e com frequência basta dizer a um "Vá", e ele vai; e a outro "Venha", e ele vem; a um terceiro "Faça isso", e ele o faz. E esse poder deve ser tão somente empregado em seus próprios assuntos e nunca exercido nas coisas de Deus? Ó céus, fiquem abismados com isso!

Não, não foi assim que o fiel Abraão fez; Deus diz que sabia que Abraão comandaria seus servos e filhos a segui-lo. Não foi isso que fez Josué; ele estava decidido a não apenas ele mesmo andar com Deus, mas também a aumentar a sua autoridade para fazer com que todos à sua volta fizessem isso: "Eu e a minha casa serviremos ao Senhor". Façamos o mesmo.

B) Porém, o segundo é este: se a gratidão a Deus não mover vocês, penso eu que *o amor e a compaixão para com seus filhos* deverão movê-lo, com suas respectivas famílias, a servir ao Senhor.

A maioria das pessoas expressa grande afeição por seus filhos; tão grande que, muito frequentemente, suas próprias vidas estão emaranhadas nas de seus filhos. "Acaso, pode uma mulher esquecer-se do filho que ainda mama, de sorte que não se compadeça do filho do seu ventre?" — diz Deus por intermédio de Seu profeta Isaías. Ele se refere a isso como uma coisa monstruosa e quase inacreditável, mas as palavras seguintes afirmam ser possível — "ainda que esta viesse a se esquecer" — e a experiência também nos assegura que é possível. Tanto o pai quanto a mãe podem abandonar seus filhos. Que maior grau de esquecimento os pais podem expressar em relação aos filhos do que negligenciar o aperfeiçoamento da sua melhor parte e não os criar no conhecimento e temor de Deus?

É verdade, de fato, que os pais raramente se esquecem da provisão para o corpo de seus filhos (embora devamos temer que alguns homens sejam tão ínferos aos animais que perecem, que negligenciem até isso), mas com que frequência eles esquecem, ou melhor, quando se lembram de assegurar a salvação de sua alma imortal? Porém, é essa a maneira deles de expressarem seu afeto pelo fruto de seus corpos? É esse o melhor testemunho que eles podem dar de seu afeto ao queridinho de seu coração? Dalila teve afeto por Sansão quando o entregou nas mãos dos filisteus? Aqueles rufiões tiveram afeição por Daniel quando o lançaram na cova dos leões?

C) Entretanto, em terceiro: se nem a gratidão a Deus, nem o amor e a compaixão para com os seus filhos prevalecerem sobre você, ainda assim, que um princípio de *honestidade e justiça comum* os leve a tomarem a santa resolução referida no texto.

Esse é um princípio segundo o qual se pensaria que todos os homens agem. Porém, certamente, se alguém pode ser verdadeiramente censurado por sua injustiça, ninguém pode ser mais sujeito a tal censura do que quem se acha ferido se seus servos abandonam seu trabalho físico e, ainda assim, não cuida da inestimável alma deles. Afinal, é justo os servos gastarem seu tempo e força a serviço de seu senhor e, ao mesmo tempo, o senhor não lhes dar o que é devido e igual por seu serviço?

É verdade que alguns homens podem pensar que fizeram o suficiente dando aos seus servos alimento e roupas e dizerem: "Não negociei com você há um ano?". Porém, se não dão qualquer outra recompensa além dessa, quanto menos o fazem aos seus próprios animais? Porém, não são os servos melhores do que estes? Sem dúvida são e, por mais que os senhores possam abandonar suas convicções no presente, descobrirão que chegará um tempo em que saberão que deveriam ter lhes dado alguns salários espirituais e temporais; e o clamor dos que lavraram o seu campo chegará aos ouvidos do Senhor dos Exércitos.

D) Em quarto: se nem a gratidão a Deus, nem a misericórdia quanto aos filhos, nem um princípio de justiça comum pelos servos forem suficientes para equilibrar todas as objeções, que aquele querido, aquele prevalente motivo do *interesse próprio* inverta os pratos da balança e os envolva, com suas respectivas famílias, a servir ao Senhor.

Isso tem muito peso para você em outras questões; seja, então, aconselhado a deixar que tenha influência devida e total sobre você nisso; se tiver, e a sua fé for apenas do tamanho de um grão de mostarda, como você poderá evitar crer que promover a religião da família será o melhor meio de promover o seu próprio bem-estar temporal e também eterno? Afinal, "a piedade para tudo é proveitosa, porque tem a promessa da vida que agora é e da que há de ser".

Além disso, todos vocês, sem dúvida, desejam ter servos honestos e filhos piedosos; eles provarem o contrário seria, para vocês, uma aflição tão grande quanto foi, para Eliseu, ter um traiçoeiro Geazi ou, para Davi, ser incomodado por um rebelde Absalão. Porém, como se pode esperar que eles aprendam seu dever se quem foi colocado sobre eles não tiver o cuidado de ensiná-los? Não é igualmente razoável você esperar ceifar onde não havia semeado ou ajuntar onde não havia espalhado?

Se, de fato, o cristianismo deu qualquer aprovação aos filhos e aos servos para que desconsiderem seus pais e senhores segundo a carne, ou descrevam seu dever para com eles como inconsistente com sua total obediência ao seu Pai e Senhor que está no Céu, poderia haver alguma pretensão de negligenciar instruí-los nos princípios de tal religião. Porém, uma vez que todos os preceitos dessa religião pura e imaculada são santos, justos e bons, e que, quanto mais lhes for ensinado seu dever para com Deus, melhor cumprirão seus deveres para com você, penso que, ao negligenciar o aprimoramento da alma deles por medo de gastar tempo demais com os deveres religiosos, estará agindo de maneira contrária ao seu próprio interesse e também ao seu dever.

E) Por último: se nem a gratidão a Deus, o amor aos seus filhos, a justiça comum aos seus servos, nem mesmo o motivo mais predominante do interesse próprio o empolgar, que uma consideração dos terrores do Senhor o convença a pôr em prática a piedosa resolução contida no texto. Lembre-se: virá, talvez muito em breve, um tempo em que todos nós seremos obrigados a comparecer diante do tribunal de Cristo, onde precisaremos fazer uma solene e rigorosa prestação de contas de como conversamos com nossas respectivas famílias terrenas. Como você suportará ver seus filhos e servos (que deveriam ser sua alegria e coroa de alegria no dia do nosso Senhor Jesus Cristo) levantando-se como testemunhas repentinas contra você, amaldiçoando o pai que os gerou, o ventre que os carregou, os seios do qual obtiveram alimento e o dia em que adentraram a sua casa? Vocês não pensam que a condenação que os homens deverão suportar por seus próprios pecados será suficiente para não precisarem carregar a culpa adicional de serem acessórios para a condenação também de outros? Ó, considerem isso, todos vocês que se esquecem de servir ao Senhor com as suas respectivas famílias, "para que [Deus] não vos despedace, sem haver quem vos livre"!

Porém, irmãos, Deus não permita que tal mal aconteça a vocês; não, pelo contrário, eu espero que vocês tenham sido, em alguma medida, convencidos pelo que foi dito acerca da grande importância da *religião da família* e, portanto, estejam prontos para bradar as palavras imediatamente seguintes ao texto: "Longe de nós o abandonarmos o Senhor"; e novamente, no versículo 21: "Não, antes, [nós e as nossas famílias] serviremos ao Senhor".

E, para que seu coração seja sempre assim, permitam-me exortar todos os chefes de família, em nome do nosso Senhor Jesus Cristo, a frequentemente refletir sobre o inestimável valor de sua própria alma e o infinito resgate, o próprio precioso sangue de Jesus Cristo, que foi pago por ela. Lembrem-se, eu lhes suplico que se lembrem, de que vocês são criaturas caídas; que, por natureza, vocês são perdidos e alienados de Deus e que jamais poderão ser restaurados à sua felicidade primitiva enquanto não nascerem de novo do Espírito Santo e chegarem à sua pureza primitiva, terem a imagem de Deus reimpressa em sua alma e, assim, tornarem-se conhecidos como participantes da herança com os santos na luz. Eu lhes digo: com seriedade e frequência, reflitam sobre tais importantes verdades e ajam como pessoas que nelas creem, e vocês não negligenciarão mais o bem-estar espiritual de sua família do que o seu próprio. Não, o amor de Deus, que então será derramado em seu coração, os obrigará a fazer o máximo para preservá-los; e a profunda consciência da livre graça de Deus em Cristo Jesus (que vocês então terão) em chamar vocês os instigará a fazerem o seu melhor para salvar os outros, especialmente os de sua própria casa. E embora, após todos os seus piedosos esforços, alguns possam continuar inalterados, vocês terão conforto ao refletir que fizeram o que puderam para tornar religiosa a sua família; poderão, portanto, ter a certeza de assentar-se no reino dos Céus com Abraão, Josué, Cornélio e todos os chefes de família piedosos que, em suas várias gerações, brilhavam como muitas luzes em suas respectivas casas na Terra. Amém.

A NECESSIDADE E OS BENEFÍCIOS DA SOCIEDADE RELIGIOSA

Por GEORGE WHITEFIELD

Melhor é serem dois do que um, porque têm melhor paga do seu trabalho. Porque se caírem, um levanta o companheiro; ai, porém, do que estiver só; pois, caindo, não haverá quem o levante. Também, se dois dormirem juntos, eles se aquentarão; mas um só como se aquentará? Se alguém quiser prevalecer contra um, os dois lhe resistirão; o cordão de três dobras não se rebenta com facilidade.
—Eclesiastes 4:9-12

Dentre os muitos motivos que podem ser atribuídos à triste decadência do verdadeiro cristianismo, a negligência de nos reunirmos em sociedades religiosas talvez não seja uma das menos importantes. Portanto, para que eu possa fazer meu esforço por promover um tão excelente meio de piedade, selecionei uma passagem das Escrituras extraída da experiência do mais sábio dos homens, a qual, sendo um pouco ampliada e ilustrada, responderá plenamente ao meu presente intento: mostrar, da melhor maneira que eu conseguir, a necessidade e os benefícios da sociedade em geral e da sociedade religiosa em particular.

"Dois são melhores que um etc."

A partir dessas palavras, terei a oportunidade de provar:

Primeiro: A verdade da afirmação do sábio, "Dois são melhores que um", e isso com referência à sociedade em geral e à sociedade religiosa em particular.

Segundo: Atribuir algumas razões pelas quais dois são melhores que um, especialmente quanto ao último em particular.

- Porque os homens podem levantar um ao outro quando ocorre de escorregarem: "Porque se caírem, um levanta o companheiro".
- Porque as pessoas podem transmitir calor humano uma à outra: "Também, se dois dormirem juntos, eles se aquentarão; mas um só como se aquentará?".
- Porque eles podem proteger um ao outro contra quem se opõe a eles: "Se alguém quiser prevalecer contra um, os dois lhe resistirão; o cordão de três dobras não se rebenta com facilidade". A partir disso,

Terceiro: Aproveitarei a oportunidade para mostrar o dever incumbente a todos os membros de uma associação religiosa.

Quarto: Farei uma ou duas inferências a partir do que pode ser dito; então, concluirei com uma ou duas palavras de exortação.

1. Primeiro, pretendo provar a verdade da afirmação do sábio, de que "dois são melhores que um", e isso quanto à sociedade em geral e às sociedades religiosas em particular.

E como isso pode ser mais bem feito do que mostrando ser absolutamente necessário ao bem-estar tanto do corpo quanto da alma dos homens? De fato, se considerarmos o homem como saiu das mãos do seu Criador, imaginamos que ele seja perfeito, completo, em nada deficiente. Porém, Deus, cujos pensamentos não são como os nossos pensamentos, viu que ainda faltava algo para fazer Adão feliz. E o que era? Ora, ajuda adequada para ele, porque assim dizem as Escrituras: "Disse mais o SENHOR Deus: Não é bom que o homem esteja só; far-lhe-ei uma auxiliadora que lhe seja idônea" (Gênesis 2:18).

Observe que Deus disse "não é bom", implicando com isso que a criação teria sido, de algum modo, imperfeita se não fosse dada uma ajuda apropriada a Adão. E se assim ocorreu ao homem antes da queda, se uma ajuda lhe foi adequada em estado de perfeição, seguramente desde a queda, quando ficamos nus e indefesos fora do ventre de nossa mãe, quando nossas necessidades aumentam com a idade e mal conseguimos subsistir um dia sem a ajuda um do outro, bem podemos dizer: "Não é bom que o homem esteja só".

Vemos, portanto, que a sociedade é absolutamente necessária às nossas necessidades físicas e pessoais. Se levarmos mais adiante a nossa visão e considerarmos a humanidade dividida em diferentes cidades, países e nações, a necessidade dela se mostrará ainda mais evidente. Afinal, de que maneira as comunidades podem ser mantidas, ou o comércio pode ser realizado, sem a sociedade? Certamente não há como isso ocorrer, uma vez que a providência parece ter, sabiamente, atribuído um produto peculiar a quase cada país específico, de propósito, por assim dizer, para nos obrigar a sermos sociais; e misturou tão admiravelmente as partes de todo o corpo da humanidade que "Não podem os olhos dizer à mão: Não precisamos de ti; nem ainda a cabeça, aos pés: Não preciso de vós".

Muitos outros exemplos poderiam ser dados acerca da necessidade da sociedade no tocante às nossas necessidades físicas, pessoais e nacionais. Porém, o que são todos esses, quando pesados na balança do santuário, em comparação com a infinita maior necessidade dela no tocante à alma? Sem dúvida, foi principalmente com referência a essa melhor parte que Deus disse: "Não é bom que o homem esteja só". Pois, suponhamos que Adão seja o mais feliz possível, colocado como senhor da criação no paraíso de Deus e passando todas as suas horas em adoração e louvor ao bendito Autor do seu ser; contudo, como sua alma era uma cópia exata da natureza divina, cuja propriedade peculiar é ser comunicativa, sem a divina autossuficiência ele não poderia ser inteiramente feliz, porque estava sozinho e incomunicante, nem sequer contente no paraíso, por falta de um parceiro em suas alegrias. Deus sabia disso e, portanto, disse: "Disse mais o Senhor Deus: Não é bom que o homem esteja só; far-lhe-ei uma auxiliadora que lhe seja idônea". E, embora isso tenha se provado um meio fatal de sua queda, não foi devido a qualquer consequência natural da sociedade, e sim, em parte, ao maldito apóstata que, astuciosamente, espreita para enganar; em parte, à loucura de Adão, preferindo sofrer com alguém que amava do que confiar em que Deus lhe daria outro cônjuge.

Se, acerca desse relacionamento familiar, realmente refletirmos que o nosso primeiro antepassado poderia continuar com o Céu em um estado de inocência, seremos inclinados a pensar que ele tinha tão pouca necessidade da sociedade em relação à sua alma quanto antes supusemos que ele tivesse no tocante ao seu corpo. Contudo, como, por um lado, Deus e os santos anjos estavam tão acima dele e, por outro, os animais estavam tão abaixo dele, nada era melhor do que ter alguém com quem conversar, que fosse "osso dos seus ossos e carne da sua carne".

Portanto, vemos que, se mesmo estando no paraíso o homem não conseguiria ser totalmente feliz sem ter a companhia de alguém de sua própria espécie, muito menos agora que havia sido expulso. Porque, vejamo-lo um pouco em seu estado natural agora, desde a queda, como "[obscurecido] de entendimento, [alheio] à vida de Deus"; como tão incapaz de ver o caminho que deve seguir quanto um cego de descrever o Sol; que, não obstante isso, precisa receber sua

A necessidade e os benefícios da sociedade religiosa — George Whitefield

visão para poder ver a Deus — e que, se nunca o vir, nunca poderá ser feliz. Vejamo-lo sob essa luz (em vez de escuridão) e neguemos a necessidade da sociedade, se formos capazes. Uma revelação divina é absolutamente necessária, pois por natureza somos tão incapazes tanto de conhecer quanto de cumprir o nosso dever. E como aprenderemos se ninguém nos ensinar? Porém, se Deus fizesse isso sozinho, como Moisés tremeríamos e temeríamos muito? Nem o ministério de anjos quanto a esse assunto seria menos aterrorizante. É necessário, portanto (pelo menos, o tratamento de Deus conosco nos mostrou que é assim), que sejamos puxados pelos cordões de um homem. E que, sendo concedida uma revelação divina, devamos usar a ajuda uns dos outros, sob Deus, para instrução mútua no conhecimento e para exortar uns aos outros para a prática das coisas que pertencem à nossa paz eterna. Essa é, sem dúvida, a grande finalidade da sociedade pretendida por Deus desde a queda e um forte argumento: por que "dois são melhores que um" e por que não devemos "deixar de congregar-nos".

Porém, além disso, consideremo-nos como cristãos, como tendo, em alguma medida, esse véu natural retirado de nossos olhos pelo auxílio do Espírito Santo de Deus e, assim, capacitados a ver o que Ele requer de nós. Suponhamos que, em algum grau, nós provamos a boa palavra da vida e sentimos os poderes do mundo vindouro, influenciando e moldando nossa alma para um perfil religioso: estar plena e sinceramente convencidos de que somos soldados levantados sob a bandeira de Cristo e haver proclamado, em nosso batismo, guerra aberta contra o mundo, a carne e o diabo; e talvez, frequentemente, haver renovado nossas obrigações de fazê-lo ao participar da ceia do Senhor; que estamos cercados por milhões de inimigos por fora e infectados por uma legião de inimigos por dentro; que somos ordenados a brilhar como luzes no mundo, em meio a uma geração corrupta e perversa; que estamos viajando para uma longa eternidade e necessitamos de todas as ajudas imagináveis para nos mostrar o caminho para lá e nos encorajar ao longo dele. Eu digo: reflitamos sobre tudo isso e, então, cada um de nós conclamará, irmãos, quão necessário é nos reunirmos em comunidades religiosas!

Os cristãos primitivos tinham total consciência disso e, portanto, nós os encontramos continuamente em mútua comunhão. O que dizem as Escrituras? "E perseveravam na doutrina dos apóstolos e na comunhão" (Atos 2:42). Ao serem dispensados pelo grande conselho, Pedro e João saíram apressadamente para encontrar seus companheiros. "Uma vez soltos, procuraram os irmãos e lhes contaram quantas coisas lhes haviam dito os principais sacerdotes e os anciãos" (Atos 4:23). Logo após sua conversão, Paulo "permaneceu em Damasco alguns dias com os discípulos" (Atos 9:19). Mais tarde, ao ser liberto da prisão, Pedro vai imediatamente à casa de Maria, "onde muitas pessoas estavam congregadas e oravam" (Atos 12:12). E há relatos de que, em tempos posteriores, os cristãos costumavam se reunir antes da luz do dia para cantar um salmo a Cristo como Deus. Assim preciosa era a Comunhão dos Santos naqueles tempos.

Se alguém perguntar que vantagens colheremos de tal procedimento agora, eu responderei: muitas, de todas as maneiras — "Melhor é serem dois do que um, porque têm melhor paga do seu trabalho. Porque se caírem, um levanta o companheiro; ai, porém, do que estiver só; pois, caindo, não haverá quem o levante Também, se dois dormirem juntos, eles se aquentarão; mas um só como se aquentará? Se alguém quiser prevalecer contra um, os dois lhe resistirão; o cordão de três dobras não se rebenta com facilidade".

2. E isso me leva diretamente ao meu *segundo* tópico geral, sob o qual eu apresentarei algumas razões pelas quais "melhor é serem dois do que um", especialmente na sociedade religiosa.

A) Devido o homem, na sua condição atual, não conseguir estar sempre em pé, mas, em consequência da fragilidade de sua natureza, estar somente sujeito a cair, uma eminente razão pela qual dois é melhor do que um — ou, em outras palavras, uma grande vantagem da sociedade religiosa — é: "porque se caírem, um levanta o companheiro".

E essa é, de fato, uma excelente razão, porque, infelizmente, quando refletimos como somos propensos a sermos levados ao erro em nossos julgamentos e ao mal em nossos atos e quão incapazes, ou pelo menos muito indispostos, de descobrir ou corrigir os nossos próprios maus procedimentos, quando consideramos quão inclinado o mundo é para nos lisonjear por nossos erros e quão poucas pessoas são suficientemente bondosas para nos dizer a verdade, deve ser um privilégio inestimável ter um grupo de amigos verdadeiros, judiciosos e sinceros em relação a nós, continuamente vigiando nossa alma para nos informar onde caímos e para nos advertir a não cairmos novamente no futuro. Certamente, é um privilégio tão grande que, usando as palavras de um eminente cristão, nunca saberemos o seu valor antes de chegarmos à glória.

Porém, isso não é tudo, porque supomos podermos estar sempre de pé, mas quem quer que reflita sobre as dificuldades da religião em geral e sua própria tendência à mornidão e indiferença em particular descobrirá que precisa ser zeloso e firme se espera entrar no reino dos Céus. Aqui, então, o sábio nos destaca outra excelente razão pela qual é melhor serem dois do que um. "Também, se dois dormirem juntos, eles se aquentarão; mas um só como se aquentará?" foi a próxima consideração feita.

B) Uma segunda razão pela qual dois é melhor do que um é poderem transmitir calor um ao outro.

Uma observação comum é que, se as brasas forem separadas, logo se apagarão, mas, se amontoadas, acendem-se e avivam-se mutuamente, proporcionando um calor duradouro. O mesmo se aplica à nossa análise. Se os cristãos acesos pela graça de Deus se unirem, se acenderão e se avivarão mutuamente, mas, separando-se e afastando-se, não será de admirar que logo se tornem frios ou mornos. Se dois ou três se reunirem em nome de Cristo, terão calor, mas como um pode se aquecer sozinho?

Observe: "um só como se aquentará?". A expressão do sábio por meio de uma pergunta implica uma impossibilidade, no mínimo uma dificuldade muito grande, de ser quente na religião sem companhia onde ela pode existir. Veja aqui, portanto, outro excelente benefício decorrente da associação religiosa: ela nos manterá zelosos e firmes no caminho da piedade.

Porém, ilustremos isso um pouco mais por meio de uma ou duas comparações. Consideremo-nos (conforme sugerido anteriormente) como soldados sob a bandeira de Cristo; como saindo "com dez mil homens [para] enfrentar o que vem contra [nós] com vinte mil"; como pessoas que devem lutar "não [...] contra o sangue e a carne, e sim contra os principados e potestades, [...] contra as forças espirituais do mal, nas regiões celestes". Então, digam-me, todos vocês que temem a Deus, se não será um inestimável privilégio estarmos acompanhados por outros soldados continuamente ao nosso redor, animando-nos e exortando-nos mutuamente a defender o nosso território, a manter as nossas fileiras e, corajosamente, seguir o capitão da nossa salvação, ainda que seja através de um mar de sangue?

Consideremo-nos em outra visão anteriormente mencionada, como pessoas viajando para uma longa eternidade; como resgatados pela livre graça de Deus, em alguma medida, de nossa natural escravidão no Egito e marchando, sob a condução do nosso Josué espiritual, ao longo do deserto deste mundo em direção à terra de nossa Canaã celestial. Ainda mais, reflitamos quão inclinados somos a nos assustar com toda dificuldade, a chorar "Há leões! Há leões no caminho! Há os filhos de Anaque", com quem lidar antes de podermos possuir a Terra Prometida. Quão propensos nós somos, como a esposa de Ló, a olhar para trás com desejo para a nossa Sodoma espiritual ou, como os loucos israelitas, a desejar novamente as panelas de carne do Egito e a retornar ao nosso estado natural anterior de sujeição e escravidão. Considerem isso, meus irmãos, e vejam que bendito privilégio será ter um grupo de israelitas realmente ao nosso redor, sempre nos lembrando da loucura de um propósito assim covarde e da intolerável miséria com que nos depararemos se cairmos apenas um pouco antes da Terra Prometida.

Mais poderia ser dito acerca desse particular se os limites de um discurso desta natureza não me obrigassem a acelerar,

C) Para dar uma terceira razão, mencionada pelo sábio no texto, pela qual é melhor serem dois do que um: porque eles podem se proteger mutuamente dos inimigos de fora. "Se alguém quiser prevalecer contra um, os dois lhe resistirão; o cordão de três dobras não se rebenta com facilidade."

Até aqui, consideramos as vantagens das sociedades religiosas como um grande recurso de preservação contra a queda (pelo menos, contra o cair perigosamente) em pecado e mornidão e também nas nossas próprias corrupções. Porém, o que diz o sábio filho de Siraque? "Meu filho, se entrares para o serviço de Deus, [...] prepara a tua alma para a provação",[17] vinda de inimigos não somente internos, mas também externos; particularmente, daqueles dois grandes adversários, o mundo e o diabo, porque, tão logo seus olhos se curvem para o Céu, o primeiro o desviará imediatamente para outro lado, dizendo que você não precisa ser singular para ser religioso; que você pode ser um cristão sem se afastar muito do caminho comum.

Nem o diabo estará desejoso, em suas insinuações astutas ou sugestões ímpias, de o desviar ou aterrorizar para que não avance para se apossar da coroa da vida. Se não conseguir prevalecer dessa maneira, ele tentará outra maneira; e, com o intuito de tornar a sua tentação

---

[17] N.T.: Eclesiástico 2:1.

menos discernida, porém mais bem-sucedida, talvez ele empregue alguns dos seus parentes mais próximos ou amigos mais poderosos (como usou Pedro com o nosso bendito Senhor), que sempre lhe dirão para poupar a si mesmo, que você não precisa sofrer tanto, que não é tão difícil chegar ao Céu quanto algumas pessoas supõem, nem o caminho é tão estreito quanto os outros imaginam.

Porém, veja aqui a vantagem da companhia religiosa: supondo-se que você se encontre cercado por todos os lados e incapaz de resistir a tais conselhos horrendos (embora aparentemente amigáveis), corra para os seus companheiros, e eles lhe ensinarão uma lição mais verdadeira e melhor; eles lhe dirão que você deve ser singular se quiser ser religioso e que ficar escondido é tão impossível para um cristão quanto para uma cidade situada sobre uma colina; que, se você quiser ser um quase cristão (tão bom quanto nada), pode viver da mesma maneira negligente e indiferente como vê na maioria das outras pessoas; mas, se não quiser ser somente quase, e sim totalmente cristão, eles lhe informarão que você precisa ir muito além; que não deve procurar apenas fracamente, mas "[esforçar-se] por entrar pela porta estreita"; que agora há somente um caminho para o Céu, como antigamente — através da passagem estreita de uma conversão sadia, e que, para realizar esse poderoso trabalho, você precisa se submeter a uma disciplina constante, mas necessária, de jejum, vigilância e oração. Portanto, a única razão pela qual esses amigos lhe dão tal conselho é por não estarem dispostos a se esforçar muito, ou, como disse o nosso Salvador a Pedro em ocasião semelhante, porque "não [cogitam] das coisas de Deus, e sim das dos homens".

Essa é, então, outra excelente bênção advinda da sociedade religiosa: os amigos poderem se proteger mutuamente contra quem se opõe a eles. O diabo tem plena consciência disso e, portanto, sempre fez o máximo para suprimir e pôr fim à comunhão dos santos. Esse foi o seu grande artifício na primeira semeadura do evangelho: perseguir os mestres com o intuito de separá-los, o que Deus, como sempre fará, anulou para um melhor fim; contudo, isso mostra a inimizade dele contra cristãos se reunindo. Ele ainda não abandonou o seu antigo estratagema, sendo esse o seu modo habitual de nos engodar usando a nós mesmos para nos tentar; sendo destituído da ajuda mútua, ele espera nos levar cativos à sua vontade.

Porém, pelo contrário, sabendo que o seu próprio interesse é fortalecido pela sociedade, ele deseja primeiramente nos persuadir a negligenciar a comunhão dos santos e, depois, nos ordenar a "atrapalhar os pecadores", esperando, com isso, nos colocar no trono dos zombadores. Judas e Pedro são exemplos melancólicos disso. Pouco após deixar seus companheiros na ceia, o primeiro saiu e traiu seu Senhor; e a triste queda do segundo, ao aventurar-se na companhia de inimigos, nos mostra claramente o que o diabo se dispõe a fazer quando nos pega sozinhos. Se Pedro houvesse permanecido na companhia dos demais, poderia ter mantido a sua integridade, porém com que rapidez foi quebrado um único cordão! O nosso bendito Salvador sabia muito bem disso e, portanto, é muito fácil observar que Ele sempre enviou Seus discípulos de "dois a dois".

E agora, após tantas vantagens a serem colhidas da sociedade religiosa, não podemos clamar com muita justiça com o sábio em meu texto: "...ai, porém, do que estiver só; pois, caindo, não haverá quem o levante"? Quando ele está com frio, não tem um amigo para aquecê-lo; quando é agredido, não tem um companheiro para ajudá-lo a resistir ao inimigo.

3. Chego agora ao meu terceiro tópico geral, sob o qual serão mostrados os três incontestáveis deveres que recaem sobre todos os membros de uma associação religiosa, a saber: A) Repreensão mútua; B) Exortação mútua e C) Ajuda e defesa mútuas.

A) Repreensão mútua. "Melhor é serem dois do que um, porque [...] se caírem, um levanta o companheiro".

Ora, a repreensão pode ser tomada em um sentido mais amplo, levantando um irmão pelos meios mais brandos quando ele cai em pecado e erro; ou, em um significado mais restrito, não se estendendo além dos desvios que inevitavelmente acontecem com os mais santos homens viventes.

No texto, o sábio supõe que todos nós estamos sujeitos a ambos: "se caírem (implicando, assim, que cada um de nós pode cair), um levanta o companheiro". Disso podemos inferir que "se alguém for surpreendido nalguma falta, vós, que sois espirituais (isto é, regenerados e conhecem a corrupção e fraqueza da natureza humana) corrigi-o com espírito de brandura". E o apóstolo acrescenta uma razão para que façamos isso: "guarda-te para que não sejas também tentado", isto é, considerando a sua própria fragilidade, para que também não caia em tentação semelhante.

Todos nós somos criaturas instáveis e frágeis e é meramente devido à graça incondicional e à boa providência divina que não corremos para o mesmo tumulto excessivo com os outros homens. Portanto, todo irmão ofensor merece a nossa piedade, não o nosso ressentimento; e cada membro deve se esforçar para ser o mais rápido, bem como o mais brando, em restaurá-lo ao seu estado anterior.

Porém, suponhamos que uma pessoa não seja surpreendida, e sim caia intencionalmente em um crime; quem é você que nega perdão ao seu irmão transgressor? "Aquele, pois, que pensa estar em pé veja que não caia." Irmãos, tomem os santos apóstolos como exemplos eminentes para vocês aprenderem como devem comportar-se quanto a isso. Considerem a rapidez com que eles estenderam a mão direita de comunhão a Pedro, que tão voluntariamente havia negado o seu Senhor, pois encontramos João e ele juntos apenas dois dias depois (João 20:2). E, no versículo 19, encontramos Pedro reunido com o demais. Tão logo o perdoaram, assim rapidamente se associaram ao seu irmão pecador, embora quebrantado. "Vai e procede tu de igual modo."

Há, porém, outro tipo de repreensão que cabe a todos os membros de uma sociedade religiosa — a saber, uma repreensão branda por algum desvio ou outro, que, embora não seja realmente pecaminoso, ainda se torna uma oportunidade para pecar. Isso realmente parece mais fácil, mas talvez se revele um ponto mais difícil do que o anterior, porque, quando uma pessoa realmente peca, não pode deixar de considerar justa a repreensão de seus irmãos; por outro lado, quando ocorreu apenas uma pequena falha de conduta, a soberba existente na nossa natureza dificilmente nos permitirá tolerar (aguentar) a repreensão. Porém, por mais desagradável que essa pílula possa ser ao nosso irmão, se tivermos algum interesse pelo seu bem-estar, ela precisará ser administrada por uma ou outra mão amiga. Sem dúvida, deixe-a ser administrada, mas, como um médico habilidoso, doure a desagradável pílula e, se possível, esforce-se por levar o seu irmão a ter saúde e sanidade. "Longe de vós, toda amargura, e cólera, e ira, e gritaria, e blasfêmias, e bem assim toda malícia." Façam o paciente saber que sua recuperação é o único objetivo e que vocês não se deleitam em causar tristeza ao seu irmão; caso contrário, não poderão desejar ter sucesso.

B) Exortação mútua é o segundo dever resultante das palavras do texto. "Também, se dois dormirem juntos, eles se aquentarão."

Observe que o sábio supõe ser impossível pessoas religiosas se reunirem e não se aquecerem mutuamente, assim como duas pessoas se deitarem na mesma cama e, ainda assim, congelarem de frio. Porém, como é possível transferirmos calor um ao outro sem atiçar mutuamente o dom de Deus que está em nós por meio de exortação fraterna? Então, que todo membro de uma sociedade religiosa escreva nas tábuas de seu coração o zeloso conselho do apóstolo: "Consideremo-nos também uns aos outros, para nos estimularmos ao amor e às boas obras [...] tanto mais quanto vedes que o Dia se aproxima". Acreditem em mim, irmãos: necessitamos ser exortados para despertar nossa alma sonolenta, para nos colocar em vigilância contra as tentações do mundo, da carne e do diabo; para nos incitar a renunciar a nós mesmos, a tomar nossa cruz e a seguir o nosso bendito Senhor e a gloriosa companhia de santos e mártires, "os quais, por meio da fé, subjugaram reinos, praticaram a justiça, obtiveram promessas". Portanto, parece ser necessário que um terço do tempo de reunião de uma sociedade religiosa seja despendido nesse importante dever, porque de que adianta o nosso entendimento ser iluminado pela leitura piedosa se, ao mesmo tempo, a nossa vontade não for inclinada e inflamada, por exortação mútua, a colocá-la em prática? Acrescente também que essa é a melhor maneira de receber e transmitir luz e o único meio de preservar e aumentar o calor que cada pessoa levou consigo. Deus assim ordena quanto a esse e todos os outros dons espirituais: "ao que tem (isto é, aprimora e transmite o que tem) se lhe dará; e, ao que não tem (não aprimora o calor que tem), até o que tem lhe será tirado". Assim, necessária, tão essencialmente necessária para o bem da comunidade, é a exortação.

C) O texto aponta para um terceiro dever que cabe a todos os membros de uma sociedade religiosa: defenderem-se mutuamente contra quem se opõe a eles. "Se alguém quiser prevalecer contra um, os dois lhe resistirão; o cordão de três dobras não se rebenta com facilidade."

Aqui, o sábio considera garantido que transgressões virão e poderão também prevalecer. E isso não é mais do que o nosso bendito Senhor nos disse há muito tempo. Não, de fato, que haja algo no próprio cristianismo que tenha a menor tendência a dar origem ou promover tais transgressões; pelo contrário, ele respira somente unidade e amor.

Porém, assim é que, desde a sentença fatal pronunciada por Deus após a queda dos nossos primeiros antepassados, "porei inimizade entre [...] a tua descendência e o seu descendente"; quem é nascido segundo a carne, o pecador não convertido, não regenerado, em todos os tempos "perseguia ao que nasceu segundo o Espírito" e assim sempre será. Consequentemente, encontramos uma prova inicial disso no exemplo de Caim e Abel, de Ismael e Isaque e de Jacó e Esaú. E, de fato, a Bíblia toda contém pouco mais do que uma história da grande e contínua oposição entre os filhos deste mundo e os filhos de Deus. Os primeiros cristãos foram exemplos notáveis disso e, embora aqueles tempos problemáticos, bendito seja Deus, estejam agora terminados, ainda assim o apóstolo o estabeleceu como regra geral, e todos os que são sinceros comprovam na prática a verdade de que "todos quantos querem viver piedosamente em Cristo Jesus (até o fim do mundo, em algum grau) serão perseguidos". Para que, portanto, isso não nos faça abandonar a causa do nosso bendito Senhor, todos os membros devem unir as suas forças em oposição ao pérfido. E, para melhor realizar isso, cada um faria bem em, de tempos em tempos, relatar as suas experiências, queixas e tentações e implorar aos seus companheiros (primeiramente pedindo a ajuda de Deus, sem a qual tudo é nada) para administrarem repreensão, exortação ou conforto, conforme o seu caso exija, para que "Se alguém quiser prevalecer contra um, os dois lhe resistirão; o cordão de três dobras (muito menos um de muitas dobras) não se rebenta com facilidade".

4. Porém, é hora de prosseguir para a quarta coisa geral proposta: extrair uma ou duas inferências do que foi dito.

A) E, primeiramente, se "melhor é serem dois do que um" e as vantagens da sociedade religiosa são tantas e tão grandes, é dever de todo verdadeiro cristão gerar, estabelecer e promover, tanto quanto lhe seja possível, sociedades dessa natureza. E creio que podemos nos aventurar a afirmar que, se alguma vez um espírito do verdadeiro cristianismo é avivado no mundo, precisa ser provocado por algum meio semelhante a esse. Motivo, certamente, não falta para nos incitar ao louvável e necessário empreendimento, pois, mesmo que, de certa forma, tudo que foi falado até aqui não tenha força, ainda assim penso que a simples consideração de que grande parte de nossa felicidade no Céu consistirá na comunhão dos santos ou que o interesse e a piedade de quem difere de nós são fortalecidos e apoiados por nada mais do que seus frequentes encontros. Eu diria que alguém poderia pensar que qualquer uma dessas considerações deveria nos induzir a fazer o máximo para copiar seu bom exemplo e estabelecer uma comunhão duradoura e piedosa dos santos na Terra. Acrescente a isso que, se o reino das trevas é estabelecido diariamente por meios semelhantes, então o reino de Cristo não deverá ser colocado em oposição a isso? Deverão os filhos de Belial reunir-se e fortalecer-se mutuamente na maldade, e os filhos de Deus não se unirem e não se fortalecerem na piedade? Devem sociedades e mais sociedades ser admitidas para orgias da meia-noite e promoção da depravação, e dificilmente ser encontrada uma com o intuito de propagação da virtude? Ó céus, fiquem abismados com isso!

B) Porém, isso me leva a uma segunda inferência, que é alertar as pessoas do grande perigo em que se encontram, as quais, quer por suas contribuições, presença ou aprovação, promovem comunidades de natureza muito oposta à religião.

E aqui eu não quero que entendam que me refiro somente às reuniões públicas manifestamente projetadas para nada mais do que orgias e banquetes, para encontros secretos e devassidão, e nas quais um pagão modesto coraria por estar presente; mas também os entretenimentos e reuniões aparentemente inocentes, dos quais a parte mais educada do mundo tanto aprecia e aos quais dedica tanto tempo, mas que, não obstante, mantêm tantas pessoas afastadas da percepção da verdadeira religião quanto a intemperança, a devassidão ou qualquer outro crime. De fato, enquanto estamos neste mundo, precisamos ter descansos apropriados para nos adequar à ocupação da nossa profissão e à religião. Porém, para pessoas que se declaram cristãs, que juraram solenemente em seu batismo renunciar às vaidades deste mundo pecaminoso, que são ordenadas nas Escrituras a absterem-se de toda a aparência do mal e tratarem de assuntos do Céu, pessoas como essas apoiarem reuniões vãs e insignificantes (para não dizer pior) e terem uma tendência natural de afastar a nossa mente de Deus é absurdo, ridículo e pecaminoso. Certamente, nesse caso não é melhor dois do que um. Não! É desejável que ninguém esteja envolvido nisso. Quanto mais cedo abandonarmos esse tipo de reunião melhor, independentemente da rapidez com que seja rompido o cordão que sustenta tais comunidades (ainda que tenha mil dobras).

Porém, vocês, irmãos, não aprenderam assim de Cristo; pelo contrário, como verdadeiros discípulos do seu Senhor e Mestre, pela bênção de Deus (como testemunha abundantemente a solenidade desta noite), constituíram-se com alegria em associações tais que, se devidamente frequentadas e aprimoradas, só poderão fortalecê-los em sua guerra cristã "frutificando em toda boa obra e crescendo no pleno conhecimento de Deus".

Logo, o que resta para mim senão, como foi proposto primeiramente, encerrar o que foi dito em uma ou duas palavras, por meio de exortação e rogando-lhes, em nome do nosso Senhor Jesus Cristo, que prossigam no caminho que iniciaram e, por uma constante participação conscienciosa em suas respectivas sociedades, a desaprovar a depravação, incentivar a virtude e edificar-se mutuamente no conhecimento e temor de Deus.

Permitam-me apenas "despertar com lembranças a vossa mente esclarecida" e exortá-los: "Se há, pois, alguma exortação em Cristo, [...] alguma comunhão do Espírito", considerem continuamente que, assim como todos os cristãos em geral, todos os membros de sociedades religiosas em particular são, de maneira especial, como casas construídas sobre uma colina e que, portanto, é altamente concernente a vocês o andar de modo circunspecto em direção aos que são de fora e prestar atenção a si mesmos, para que sua conversação na vida comum seja como uma profissão aberta e peculiar do evangelho de Cristo, sabendo que os olhos de todos os homens estão sobre vocês, para inspecionar rigorosamente todas as circunstâncias do seu comportamento e que todo desvio notório de qualquer membro individual redundará, em alguma medida, em escândalo e desonra para toda a sua fraternidade.

Esforcem-se, pois, meus amados irmãos, para que a sua prática corresponda à sua profissão e não pensem que lhes bastará alegar no último dia: "Senhor, nós não nos reunimos em Teu nome e nos vivificamos mutuamente cantando salmos, hinos e cânticos espirituais?". Porque em verdade vos digo que, não obstante isso, o nosso bendito Senhor os despedirá; não, vocês receberão uma grande condenação se, nas brumas dessas grandes pretensões, forem considerados obreiros da iniquidade.

Porém, Deus não permita que lhes aconteça o mal de haver sempre um Judas, um traidor, entre tão distintos seguidores do Senhor que temos em comum. Não, pelo contrário, que a excelência da sua regra, a regularidade de suas reuniões e, mais especialmente, o seu piedoso zelo em reunir-se de maneira pública e solene com tanta frequência no ano me convençam a pensar que vocês estão dispostos não apenas a parecer, mas a serem verdadeiramente, cristãos; e esperem ser encontrados, no último dia, aquilo pelo que seriam estimados agora: discípulos santos e sinceros de um Redentor crucificado.

Ó, que vocês possam continuar sempre com essa mentalidade e fazer com que o seu esforço diário e constante, tanto por preceito quanto por exemplo, seja transformar todos os seus convertidos, mais especialmente os das suas próprias comunidades, segundo o mesmo mais bendito espírito e índole. Assim, vocês adornarão o evangelho de nosso Senhor Jesus Cristo em tudo; assim anteverão a felicidade de um estado futuro e, participando e aprimorando a comunhão de santos na Terra, se tornarão adequados a unir-se à comunhão e amizade dos espíritos de homens justos aperfeiçoados, dos santos anjos, ou melhor, do sempre bendito e eterno Deus no Céu.

Que, por sua infinita misericórdia, Deus conceda por meio de Jesus Cristo, nosso Senhor, a quem, com o Pai e o Espírito Santo, três pessoas e um único Deus, sejam atribuídos, como mais é devido, toda honra e louvor, poder, majestade e domínio, agora e para sempre! Amém.

BIOGRAFIAS

John Wesley

Nascido em 17 de junho de 1703, em Epworth, na Inglaterra, John Wesley era filho de Samuel Wesley, um sacerdote anglicano, e Susanna Wesley, que teve grande influência na vida dos seus 19 filhos, especialmente de John. A vida familiar dos Wesley era rigidamente estruturada, com horários exatos para refeições, orações e sono. Susanna educou as crianças em casa, ensinando-lhes religião e boas maneiras. E todos aprenderam a ficar em silêncio, e a serem obedientes e trabalhadores. Ela separava uma hora por semana para estar a sós com cada um dos filhos, para conversar sobre temas de fé e vida cristã. Mesmo já idosa, seu filho John ainda buscava os conselhos de sua dedicada mãe.

Quando menino, John Wesley estudou na Escola Charterhouse, em Londres, e mais tarde, em 1720, foi para a Universidade de Oxford. Ali, ele participou de um grupo (criado por seu irmão Charles), cujos membros fizeram votos para ter uma vida santa, tomar a ceia toda semana, orar diariamente e visitar enfermos e prisioneiros, ensinando-os a ler, pagando suas dívidas e buscando emprego para eles. Os participantes do "clube santo" também estenderam suas atividades a pessoas pobres, distribuindo comida, roupas, remédios, livros e também cuidando de uma escola (quando os irmãos Wesley deixaram o grupo, em 1735, o clube se desfez.) — além disso, dedicavam três horas diárias estudando a Bíblia. O grupo foi chamado pejorativamente de os "metodistas", pois eram rígidos e regulares em suas expressões religiosas, no auxílio aos necessitados e por sua ênfase no estudo metódico. Os "metodistas" eram conhecidos por seus frequentes cultos de comunhão e por jejuarem dois dias por semana.

John Wesley se formou em 1724, no ano seguinte o bispo de Oxford o ordenou diácono e, após três anos ajudando seu pai na igreja Anglicana, foi ordenado sacerdote. Após a morte de seu pai, John Wesley aceitou o convite para pastorear colonos britânicos na Geórgia, EUA, e em 1735 partiu da Inglaterra para o Novo Mundo. Durante a viagem, o navio enfrentou sérios problemas devido ao tempo ruim, e Wesley temeu por sua vida. Porém, durante a tempestade, ele viu que um grupo de missionários morávios alemães cantavam tranquilamente e isso o intrigou a ponto de ele, no final da viagem, questionar o líder a respeito de sua tranquilidade em meio ao perigo. O homem respondeu com uma pergunta: "Sua fé está em Cristo?". Wesley disse que sim, porém refletiu mais tarde que essas poderiam ser palavras vãs.

Essa viagem missionária durou dois anos e não foi como ele esperava. John Wesley servia a sua congregação fielmente, entretanto, sua rígida liderança na igreja trouxe discórdia e hostilidade das pessoas para com ele. Assim, mal-entendidos e perseguições o fizeram deixar a Geórgia e, em dezembro de 1737, ele voltou para a Inglaterra.

Wesley teve sérias dúvidas sobre sua fé, ele não se sentia satisfeito. Embora buscasse incessantemente ser bom, seguia frustrado, sem alcançar seus objetivos — e depois de conversar com outro missionário morávio, Peter Boehler, concluiu que lhe faltava a fé salvadora. Na noite de 24 de maio de 1738 passou por uma experiência transformadora ao assistir um culto onde faziam a leitura do prefácio de Lutero à epístola aos Romanos. Ali ouviu uma explicação da fé e a doutrina da justificação pela fé; a qual registrou em seu diário:

Já era quase 21 horas. Enquanto ele descrevia a mudança que Deus faz no coração pela fé em Cristo, senti meu coração estranhamente aquecido. Senti que confiava em Cristo, somente em Cristo, para a salvação, e me foi dada uma garantia de que Ele havia tirado meus pecados, até os meus, e me salvara da lei do pecado e da morte.

Em 1739, Wesley aceitou o convite de seu amigo George Whitefield, que precisava de ajuda para pregar ao ar livre aos mineiros próximo a Bristol. Até aquele momento, Wesley não tinha considerado como opção pregar o evangelho fora dos púlpitos, como Whitefield fazia (algo muito inovador para a época). A aceitação dos mineiros o fez continuar compartilhando as Escrituras em locais públicos, muitas vezes com pessoas pobres que não eram bem recebidas dentro da igreja e até mesmo eram negligenciadas por ela.

John Wesley logo se tornou o novo líder desse movimento de pregação pública. Ele e seu amigo George Whitefield, que era calvinista, discordavam quanto a doutrina da predestinação. Para Wesley, os cristãos poderiam desfrutar de plena santificação nesta vida, amando a Deus e ao próximo, sendo mansos e humildes de coração, abstendo-se do mal e fazendo tudo para a glória de Deus. As divergências de opinião entre os dois acabou gerando sua separação. Com isso, e sem o apoio e compreensão de ministros anglicanos em relação a sua abordagem, John precisou encontrar pessoas dedicadas que pudessem ajudá-lo, ainda que fossem inexperientes, para que se tornassem pregadores itinerantes e o auxiliassem na administração das suas sociedades metodistas.

Os seguidores de Wesley se encontravam em "sociedades" domésticas. Quando essas sociedades ficaram grandes demais para os membros cuidarem uns dos outros, Wesley organizou classes, cada uma com 11 membros e um líder. Eles se reuniam semanalmente para orar, ler a Bíblia, falar sobre sua vida espiritual e coletar dinheiro para caridade. Homens e mulheres se encontravam separadamente, mas qualquer um poderia se tornar líder de classe. Sempre metódico, Wesley organizou os grupos em sociedades, depois classes, conexões e circuitos, sob a direção de um superintendente. Seu irmão Charles e alguns outros ministros anglicanos se uniram a ele, mas era John quem pregava a maior parte do tempo. Os ministros e os pregadores leigos se reuniam ocasionalmente para debater o avanço de suas ações, o que mais tarde se tornou a sua conferência anual. Em 1787, Wesley foi obrigado a registrar seus pregadores como não anglicanos. Ele, no entanto, permaneceu anglicano até a morte.

Ainda que John Wesley agendasse sua pregação itinerante para não atrapalhar os cultos anglicanos, o bispo de Bristol se opunha. A ele, Wesley respondeu com a célebre frase (que mais tarde seria usada por muitos missionários): "O mundo é minha paróquia". Em todo o tempo de ministério, ele manteve o mesmo ritmo: viajava mais de 6 mil km por ano para pregar as boas-novas pela Europa. Wesley viu uma grande oportunidade para levar a mensagem de Deus fora da Inglaterra. Em 1741, ele foi para Gales, no ano seguinte voltou a viajar pela Inglaterra, em 1747 foi para Irlanda e em 1751 para a Escócia. Em algumas cidades, John Wesley esteve por diversas vezes, garantindo que as sociedades formadas continuassem ativas e trabalhassem fielmente para o Senhor. Wesley enviou dois pregadores leigos para servirem nos Estados Unidos, que recentemente proclamara sua independência da Grã-Bretanha, e nomeou George Coke como superintendente naquele país. O Metodismo estava se afastando da Igreja da Inglaterra como uma denominação cristã à parte.

A fé que John Wesley tinha amparava-se numa doutrina bíblica correta. Mas ele compreendeu que essa doutrina não se tratava apenas de uma bela teoria ou filosofia, era antes um estilo de vida embasado em valores e prática missionária, que implicava em santidade, amor ao próximo e compaixão. Essas se refletiam em suas ações de cidadania, justiça e defesa da vida. Embora muitas vezes sofresse perseguições e provações, ainda assim o Senhor o honrou trazendo multidões que se reuniam para ouvi-lo falar. E, por mais que a igreja lhe fechasse as portas tentando calar sua voz, Deus lhe dava estratégias para alcançar almas. Certa vez, John Wesley foi proibido de pregar na igreja de Epworth, onde seu pai pastoreou durante anos, e usou o túmulo de seu pai, situado no pátio externo dessa igreja, como seu púlpito, pregando para uma pequena multidão que se reunira ao seu redor.

Durante seus 54 anos de ministério, o Metodismo deu um salto de 4 pessoas para 132 mil. Setenta e duas mil na Europa, 60 mil nos Estados Unidos e isso pelo trabalho disciplinado, fé e empenho de John Wesley tendo sidos abençoados pela graça de Cristo e pelo fogo divino que ardia em sua alma por amor aos perdidos. A disciplina rigorosa e a ética do trabalho implacável, incutidas por sua mãe desde cedo em sua vida, foram benéficas para Wesley como pregador, evangelista e organizador de igrejas.

Seu último sermão aconteceu no dia 23 de fevereiro de 1791, e em 2 de março, John Wesley descansou no Senhor. Na noite anterior, ele se despediu de seus entes queridos, recitou versículos bíblicos e cantou louvores ao Senhor, dizendo: "O melhor de tudo é que Deus está conosco!".

Jonathan Edwards

Jonathan Edwards é conhecido como um dos maiores teólogos e filósofos da história norte-americana e foi um dos precursores da era da expansão missionária protestante no século 18. A vida desse avivalista é um grande exemplo de consagração a Deus no desenvolvimento de seu intelecto, permitindo ao Senhor usá-lo como instrumento em Suas mãos. Edwards nasceu em 05 de outubro de 1703 em Connecticut, EUA, em um lar puritano. Foi o único filho homem entre 11 crianças do casal Timothy e Esther Edwards.

Jonathan cresceu numa atmosfera de devoção puritana, carinho e aprendizado. Ele foi educado com bastante rigor por seu pai. Estudava a Bíblia, teologia cristã e línguas antigas. Seus pais eram intelectuais e contribuíram para moldar seu caráter. O reverendo Timothy era muito respeitado como professor e pregador, e Esther era bem instruída e exercia tanta influência sobre Jonathan quanto o esposo.

Jonathan Edwards começou sua formação na Universidade de Yale aos 13 anos e se formou três anos depois. Ele era um jovem muito inteligente e utilizava a escrita para codificar suas filosofias incipientes. Após suas caminhadas, as quais usava para pensar, passava para o papel todos os seus pensamentos e reflexões. Seus processos iniciais de pensamento se solidificaram depois de uma leitura do Ensaio de John Locke sobre o *Entendimento Humano*, quando Edwards tinha 14 anos. E muitas das suas anotações desta fase se tornaram base para os seus sermões e textos mais tarde.

Jonathan demorou a ter uma experiência com Cristo em sua vida. Ele atingiu a maturidade intelectual antes de ter o seu momento de conversão, no entanto o seu intelecto estava unido à ideia de Deus desde o início. A primeira posição de Jonathan após a faculdade foi como pregador de uma igreja presbiteriana de Nova Iorque, por um breve período, que começou em 1721 e durou apenas oito meses. Ele então exerceu uma tutoria de dois anos em Yale entre 1724 e 1726.

Durante seus anos de estudo, Edwards empenhou-se em questões relevantes tanto para a teologia quanto para a filosofia, estudando os debates entre o calvinismo ortodoxo de seus antepassados puritanos e os movimentos mais liberais que questionavam o calvinismo, alguns pensamentos atuais que vinham da Europa e algumas doutrinas com pontos divergentes. Sua intenção era defender suas crenças diante de eruditos estrangeiros, por meio de uma reformulação do calvinismo. Ele se formou em 1720, mas permaneceu na faculdade por dois anos, estudando a divindade.

Em 1727, Jonathan sucedeu seu avô materno na igreja de Northampton, Massachusetts. No mesmo ano, aos 24 anos, casou-se com Sarah Pierrepont. Uma das características mais atraentes em Sarah para ele era sua fé inabalável. Eles, assim como os pais de Edwards, tiveram 11 filhos.

Jonathan proferiu uma série de sermões sobre "Justificação somente pela fé" em novembro de 1734. O resultado foi um grande avivamento em Northampton, período em que mais de 300 pessoas fizeram profissão de fé — num evento conhecido como o Grande Despertamento. Nunca houvera nada semelhante anteriormente e sua publicação seguinte: *A surpreendente obra de Deus* (Editora Vida, 2017), publicada pela primeira vez em 1737, causou profundo impacto na América e na Europa, destacando-o como reavivalista e "teólogo do coração", particularmente por meio de sua descrição dos tipos e estágios da experiência de conversão experimentados em sua igreja.

O avivamento que começou em Northampton logo se espalhou por todos os lados da Nova Inglaterra. Edwards e seu colega, também pregador, George Whitefield viajaram pela região pregando as boas--novas e ganhando almas. Esse reavivamento foi diferente de qualquer outro no país ou no exterior, pois centenas de pessoas se renderam à fé salvadora em Cristo durante esse período. Talvez a maior contribuição de Edwards para a história tenha sido sua parte no Grande Despertamento. O século 18 principiou os avivamentos nas igrejas norte-americanas. Jonathan Edwards estimulou esse reavivamento com seu próprio tipo de pregação ardente. Com sermões como "Justificação somente pela fé", ele exortou sua congregação a se arrepender de seus pecados e a reconhecer a necessidade de um Salvador.

Entre 1740 e 1742, ocorreu o Grande Despertarmento pelas colônias. Whitefield, um evangelista de grande sucesso no movimento metodista inglês, e Gilbert Tennent, ministro presbiteriano de Nova Jersey, atraíram multidões; seus sermões inflamados resultaram em resposta emocional e conversões em massa. O próprio Edwards, embora tenha mantido sua congregação relativamente calma, utilizou-se da "pregação do terror" em várias ocasiões, como no sermão *Pecadores nas mãos de um Deus irado* (1741).

O Despertamento produziu não apenas conversões e transformação de muitas almas, mas também excessos, revoltas e inquietações eclesiásticas e civis. Enquanto os críticos questionavam as convicções dos novos convertidos, Edwards se tornou um grande apologista dos avivamentos, testificando que se tratava da obra genuína de Deus. Em defesa e debate do Despertamento, ele escreveu: *As marcas distintivas de uma obra do Espírito de Deus* (1741), *Alguns pensamentos sobre o atual avivamento da religião na Nova Inglaterra* (1742) e *Afeições religiosas* (1746). Durante esse tempo, Edwards ficou conhecido como um pregador reavivalista, firmando uma interpretação da teologia reformada que enfatizava a soberania de Deus, a depravação da humanidade, a realidade do inferno e a necessidade da conversão para o "novo nascimento".

Edwards pretendia se aposentar do pastorado na igreja que já exercia há muitos anos. Porém, em junho de 1750, ele foi demitido numa votação quase unânime por sua congregação. Ele tentou impor mais rigor na admissão dos sacramentos, pois estava preocupado com uma tolerância que estaria permitindo a entrada de hipócritas e incrédulos na membresia.

De 1751 a 1757, a convite, Jonathan passou a pastorear a igreja em Stockbridge, e a congregação além de colonos ingleses incluía nativos americanos, com 150 famílias moicanas e mohawks. Ali, escreveu muitas de suas principais obras, como: *The freedom of will* [A liberdade da vontade], em 1754, na qual tentou provar que a vontade humana era determinada pelo apego ao pecado ou pela graça na alma. No mesmo ano, foi chamado para ser presidente da Universidade de Princeton, mas, alguns meses após sua chegada, contraiu varíola e faleceu em 22 de março de 1758, aos 53 anos.

George Whitefield

George Whitefield foi um dos ministros cristãos mais dinâmicos e conhecidos do *século 18*. Os jornais da época o chamavam de "maravilha da era". Foi o ministro da igreja Anglicana que, com sua personalidade e habilidade oratória, teve participação fundamental no movimento que ficou conhecido como "O Grande Despertamento".

Whitefield nasceu em 1714, em Gloucester na Inglaterra. Perdeu o seu pai muito cedo, o que o levou a servir mesas desde novo na estalagem da família. Durante sua infância, demonstrou interesse pelas artes cênicas e lia peças de teatro incansavelmente, muitas vezes até faltando aula para ensaiar. George abandonou os estudos por um tempo para ajudar sua mãe, retomando-o em 1730.

Nos seus primeiros anos de formação, Whitefield tornou-se cristão praticante. Enquanto estudava na Universidade de Oxford, sua fé se aprofundou. Ali, em 1733, ele conheceu os irmãos Wesley e se juntou ao grupo de cristãos do "Clube Santo", chamado por muitos críticos de "metodistas", pela abordagem sistemática às questões religiosas. Assim como seus amigos do clube, Whitefield também buscou a salvação através de disciplina rígida e boas obras. Isso lhe custou sua saúde e ele jamais se recuperou totalmente. John Wesley emprestou a Whitefield o livro de Henry Scougal *The life of God in the soul of man* (A vida de Deus na alma humana) que mostrou sua necessidade em nascer de novo.

A conversão de Whitefield lhe despertou a missão de pregar as boas-novas de Cristo às pessoas em todos os lugares. Então, após ser ordenado ministro na Igreja Anglicana, começou a evangelizar e aos 21 anos fez seu primeiro sermão. Em 1735, suas palavras registram: "uma plena garantia de fé invadiu minha inconsolável alma". O papel que George Whitefield teve, junto aos irmãos Wesley, foi fundamental no avivamento que tomou conta da Grã-Bretanha na primeira metade do século 18. Sua pregação causava comoção por onde ele passava, e multidões se acercavam para ouvi-lo falar sobre a fé salvadora em Cristo.

Como frequentemente confrontava a instituição religiosa, as portas da igreja começaram a se fechar para Whitefield. E ele começou a pregar ao ar livre, uma prática quase desconhecida até então. George falava várias vezes ao dia, e logo milhares de pessoas aguardavam as suas palavras, por onde quer que ele pregasse. Ele foi o primeiro evangelista moderno a viajar e pregar para grandes multidões em campos e praças das cidades.

Em 1739, Whitefield partiu para pregar nas colônias americanas, escolhendo a Filadélfia como sua primeira parada. Mas mesmo as maiores igrejas não conseguiam acomodar as oito mil pessoas que iam vê-lo, então ele as levava para fora. Cada parada na viagem de Whitefield era marcada por públicos recordes, geralmente excedendo a população das cidades nas quais ele pregava. Naquele mesmo ano, George Whitefield conheceu Benjamin Franklin e com o seu apoio, em 1740, escolheu o local para a construção do seu orfanato Bethesda. Franklin também construiu para George um auditório onde as pessoas pudessem comparecer e ter espaço para ouvi-lo. O edifício que Franklin construiu para Whitefield pregar na Filadélfia mais tarde se tornou a Universidade da Pensilvânia. Whitefield aproveitava cada oportunidade para pregar. Em uma pequena cidade chamada Fagg's Manor, havia 12 mil pessoas para ouvir suas palavras. Não demorou muito para que as igrejas não pudessem conter as enormes multidões que compareciam para ouvi-lo. Assim, ele recorria sempre a sermões em encontros ao ar livre.

Em todos os lugares em que Whitefield pregava, ele recolhia doações para um orfanato que havia fundado na Geórgia durante sua breve estadia em 1738, embora o orfanato o tenha deixado endividado pela maior parte de sua vida.

Com seu talento para expressão dramática, os sermões de Whitefield eram extraordinários, dando vida aos personagens bíblicos como nunca antes. Seu público era enorme, mas seus ouvintes ficavam fascinados. Multidões entusiasmadas praticamente se atropelavam para ouvir o célebre pregador. Essas mesmas multidões ficavam em silêncio absoluto quando Whitefield orava.

Em Northampton, Massachusetts, Whitefield hospedou-se na casa de Jonathan Edwards, o ardente pregador revivalista das Igrejas Reformadas. Edwards, que participou de todos os cultos de Whitefield, ficou emocionado. O reavivamento espiritual que ele ajudou a desencadear foi um evento decisivo na história norte-americana. O sermão final desta jornada evangelística de Whitefield foi realizado no

Boston Commons e atraiu uma multidão de 23 mil pessoas — a maior assembleia da história americana até hoje.

Whitefield buscava uma esposa que lhe ajudasse em suas jornadas missionárias e trabalho no orfanato. Em novembro de 1741, ele se casou com Elizabeth James, uma viúva de 36 anos, de Gales, e recém-convertida ao cristianismo. Elizabeth deu à luz seu único filho em 1743, mas o bebê morreu quatro meses depois. Sua esposa, que muitas vezes não pôde acompanhá-lo em suas viagens por questões de saúde, morreu em 1768.

O ministério de pregação de Whitefield durou 33 anos, durante os quais ele viajou sete vezes para os Estados Unidos, 15 para a Escócia e por toda a Inglaterra e País de Gales. Seu impacto mais significativo foi sentido nas colônias norte-americanas e na Escócia, onde os ventos do avivamento já tinham começado a soprar através do ministério de pastores e evangelistas locais.

George Whitefield era um pregador que comandava milhares de pessoas apenas com o uso de sua voz sem amplificação e de personalidade carismática, mas também trabalhava demais e tinha sua saúde debilitada o que nunca fora um empecilho para suas viagens e pregações. Certa vez disse: "Prefiro desgastar-me a enferrujar". Em seus últimos meses de vida, Whitefield foi a Nova Iorque e pregou quase todos os dias, exceto por alguns dias quando sentiu-se muito mal para sair da cama. Já em setembro, foi a New Hampshire e ali, de um lugar improvisado, falou sobre 2 Coríntios 13:5; "Examinem-se, estejam guardados na fé" — o que muitos consideraram ser o seu melhor sermão.

No dia 29 de setembro de 1770, Whitefield fez seu último sermão em Newbury, New Hampshire. Durante a noite, despertou com dificuldade para respirar, que ele acreditava ser asma, mas possivelmente tenha sido insuficiência cardíaca. Assim, na manhã seguinte, George Whitefield encontrou-se com o seu Senhor, a quem amara e servira. Cerca de seis mil pessoas se reuniram para o funeral. Em seu epitáfio, estão os seguintes dizeres: *"Alegro-me por esperar até o dia do julgamento para ter meu caráter purificado. E depois de minha morte não desejo outro epitáfio além deste: aqui jaz G.W., o tipo de homem que o Grande Dia revelará."*

Charles H. Spurgeon

Charles H. Spurgeon, conhecido como "príncipe dos pregadores", foi um dos maiores evangelistas do século 19. Após mais de 100 anos de sua morte, seu exemplo de fé e prática do evangelho ainda continua inspirando milhares de cristãos ao redor do mundo. Seu entendimento e amor pelas Escrituras, manifestos por meio de suas obras e de sua vida, têm sido referência no contexto dos cursos teológicos de nossa época.

Primogênito entre 16 irmãos, Spurgeon nasceu em 19 de junho de 1834, em Kelvedon, Inglaterra. Devido a dificuldades financeiras de seus pais, passou parte de sua infância com seus avós paternos que o iniciaram na fé cristã. Posteriormente, voltou a morar com os pais em Colchester. Era precocemente notável, leu muitos livros, entre eles *O peregrino* (Publicações Pão Diário, 2020), de John Bunyan, obra que marcou profundamente sua vida. Ainda na infância ouviu uma palavra que lhe foi confirmada, posteriormente, durante seus anos de ministério: "Este menino pregará o evangelho a grandes multidões".

Spurgeon buscava um relacionamento genuíno com Cristo. Por isso, dos 14 aos 16 anos, vivenciou uma crise a respeito de sua salvação. A convicção de pecado perturbava sua alma. Por seis meses ele visitou igrejas, orou e lutou contra a condenação que sentia. Certo dia, por causa de uma nevasca, ele se deteve em uma congregação na qual ouviu um simples sapateiro levantar-se e ler: "Olhai para mim e sede salvos" (Isaías 45.22)! O pregador repetia a passagem e dizia: "Olhem para Cristo, e não para vocês mesmos. Olhem para o Senhor, pendurado na cruz, olhem para Ele, morto e sepultado". Em seguida, fixando os olhos em Spurgeon, disse: "Moço, olhe para Jesus! Olhe agora!". Spurgeon olhou para Jesus com fé e arrependimento e foi salvo. Por toda a sua vida jamais deixou de manter o seu olhar no seu Senhor e Salvador. Após sua conversão, foi batizado e começou a distribuir panfletos e a ensinar crianças na Escola Dominical em Newmarket.

Aos 16 anos, pregou seu primeiro sermão em Teversham, e, aos 18, recebeu a incumbência de pastorear uma pequena congregação na cidade de Waterbeach. Aos 20 anos já havia pregado mais de 600 mensagens e fora convidado a pastorear a igreja de New Park Street, na região metropolitana de Londres. Convicto de que era a vontade de Deus para sua vida, aceitou o desafio e passou a liderar um suntuoso templo de 1.200 lugares que contava com pouco mais de 100 pessoas frequentando os cultos. Entretanto, a popularidade de Spurgeon imediatamente tornou necessária a ampliação do prédio para acomodar os fiéis que ali se reuniam. Mesmo após uma reforma, poucos meses depois, o espaço tornou-se insuficiente, pois multidões ajuntavam-se para ouvi-lo, a ponto de muitos não conseguirem entrar no templo. Assim, ousadamente, Spurgeon decidiu mudar a igreja para um lugar com acomodação para 12 mil pessoas. No culto de inauguração do grande Tabernáculo Metropolitano, em 18 de março de 1861, houve participação de 10 mil pessoas.

Spurgeon causou muita agitação em Londres. Sua pregação brotou como um manancial no deserto espiritual em que viviam a Inglaterra e outros lugares da Europa naquela época. Muitos foram os que beberam dessa fonte aberta por meio da Palavra da verdade e isso causou desconforto a outros religiosos. Alguns o criticavam pelo seu estilo de pregação, enquanto outros o elogiavam. Alguns chegaram a publicar em jornais que duvidavam da conversão de Spurgeon. Porém, mesmo com toda a oposição, o fluxo de pessoas para ouvi-lo era tanto, que em certos periódicos chegou-se a afirmar que "desde os tempos de George Whitefield e John Wesley, Londres não era tão agitada por um avivalista".

Em pouco tempo, Spurgeon se tornou uma figura célebre ao redor do mundo e foi reconhecido como uma das mentes mais brilhantes de sua época. Era convidado para ensinar em vários países, pregando uma média de 8 a 12 mensagens por semana. O maior auditório no qual pregou, foi no Crystal Palace, Londres, em 7 de outubro de 1857. Aproximadamente 23.650 pessoas se reuniram naquela noite para ouvi-lo. Certa vez, por causa das grandes multidões que afluíam para vê-lo pregar, teve que rogar àqueles que tivessem ouvido a Palavra nos últimos três meses, que não comparecessem mais, a fim de dar oportunidade a irmãos que ainda não o tivessem ouvido.

Uma das características que chama atenção na vida de Spurgeon é sua disponibilidade em servir ao Senhor de todo o coração, mesmo em meio à adversidade, uma vez que a dor e o sofrimento foram companheiros inseparáveis de sua vida e ministério. Ele foi um pregador excepcional e em todas as coisas provou ser um homem guiado pelo Espírito Santo. Tinha a capacidade de expor as Escrituras de maneira simples, clara e compreensível. Estudava a Palavra e, em seguida, a comunicava com fluência e eficácia. A oração também foi uma prática contínua ao longo de sua vida. Spurgeon disse, certa vez, à sua congregação: "Que Deus me ajude se deixarem de orar por mim! Que me avisem, pois naquele dia terei de parar de pregar. Deixem-me saber quando se propuserem a cessar suas orações a meu favor, pois então exclamarei: 'Deus, dá-me o túmulo neste dia, e durma eu no pó.'"

Outro aspecto, em seu ministério, era sua força espiritual, que nos momentos difíceis lhe permitiu seguir em frente e cumprir a obra que Deus lhe confiara. Uma das maiores dificuldades foi a perseguição que sofreu por causa de sua pregação, fidelidade, força, clareza e rigidez quanto à doutrina bíblica, o que resultou em sua pouca aceitação na esfera religiosa da época. Contudo, Spurgeon não estava preocupado com seus adversários, sua maior preocupação estava em instruir a igreja com doutrina bíblica forte e eficaz.

Ainda jovem, desenvolveu gota (excesso de ácido úrico) e reumatismo, e quanto mais a idade avançava, mais essas enfermidades o debilitavam. A delicada condição de saúde de sua esposa também era outro fator agravante. Por diversas vezes, Spurgeon teve que se ausentar de seu púlpito por recomendação médica. Nos anos de 1880, foi diagnosticado com *bright*, uma doença degenerativa e crônica, sem cura. Ao final de seu ministério, Spurgeon enfrentou muita oposição, o que desgastou ainda mais sua debilitada saúde. Em 1891, sua condição agravou-se, forçando-o a convidar um pastor dos Estados Unidos para assumir temporariamente a função principal de sua igreja. E em 1892, os sermões de Spurgeon já eram traduzidos para cerca de nove línguas diferentes.

Aos 50 anos, Spurgeon havia sido responsável pela fundação e supervisão de cerca de 66 instituições, incluindo igrejas, escolas, seminários, orfanatos, escolas de pastores, revistas mensais e editoras. Pastoreava uma igreja de milhares de pessoas, respondia uma média de 500 cartas semanalmente, lia seis livros teológicos por semana, e isso, dizia ele, representava apenas metade de suas tarefas. Dentre seus dons estava a capacidade de escrever. Comunicava sua mensagem escrita tão bem quanto a pregava. Publicou 3.561 sermões e 135 livros. Spurgeon ainda deixou a aclamada série de comentários sobre os Salmos, *O tesouro de Davi* (Publicações Pão Diário, 2018), uma obra que levou mais de 20 anos para ser concluída.

Até o último dia de seu pastorado, ele havia batizado 14.692 pessoas e preparado centenas de jovens para o ministério. Foi casado com Susanah Thompson, seu amor e inspiração, e teve dois filhos, os gêmeos não-idênticos, Thomas e Charles.

Em 7 de junho de 1891, ensinou pela última vez. Suas últimas palavras no leito de morte foram dirigidas à sua esposa: "Ó, querida, tenho desfrutado de um tempo muito glorioso com meu Senhor!" Ela, então, exclamou: "Ó, bendito Senhor Jesus, eu te agradeço pelo tesouro que me emprestaste no decurso destes anos". Spurgeon "adormeceu" em Menton, França, em 31 de janeiro de 1892, aos 57 anos. Seu corpo foi trasladado para a Inglaterra. Na ocasião de seu funeral — 11 de fevereiro de 1892 —, muitos cortejos e cultos foram organizados em Londres. Seis mil pessoas assistiram ao culto memorial. Em seu caixão, uma Bíblia estava aberta no texto de sua conversão: "Olhai para mim e sede salvos" (Isaías 45.22). Em seu simples túmulo, estão gravadas as palavras: "Aqui jaz o corpo de CHARLES HADDON SPURGEON, esperando o aparecimento do seu Senhor e Salvador JESUS CRISTO".

Impressão e acabamento:
Geográfica editora